3秒決断思考

金川顕教

集英社

3秒決断思考
やるか、すぐやるか。

3秒決断思考 やるか、すぐやるか。――目次

第2章

「3秒」決断ができるマインドをつくる …43

Decision in 3 seconds

第4章 「すぐやる」人の行動ルール……111

Decision in 3 seconds

第5章 「３秒」行動ルール

第6章

3秒決断の先に成功が待っている

はじめに

僕はすべての決断を「3秒」でしている

まずは「3秒」を数えてみて、3秒というのがどのくらいの長さ（短さ）なのかを、みなさんも体感してください。——ということの一行の文を書くためにキーボードをたたくのに約10秒かかりました。そう、3秒というのは本当に短い時間です。

だから日常生活の中でプライベートでも仕事でも僕が「ほとんどのことを『3秒』で決断している」と言うと、たいていの人は驚いたり、呆れたり、あるいは信じなかったりするようです。

でも、僕にとって「3秒決断」はとても自然なこと、そして当然なことでもあります。なぜなら、

「3秒以上考えても、いい答えなんて出てこない」

「すぐに決めてすぐに行動した方が、結局はすべてがうまくいく」

ということを実感として知っているからです。

本書の中でなぜ僕が3秒で決断できるのか、また、3秒で決断することで本当に成功に近づけるのかについて、じっくりお話ししていくつもりです。お読みいただいて、「なるほど」と腑に落ちた人は、すぐに実行してください。成功に向かってスタートダッシュができた状態なので、その後はぐんぐん加速していけるでしょう。

でも中には「そうは言われても、いきなりはできない」という方もいらっしゃると思います。わかります。僕だって物心ついてすぐに「3秒決断」を身につけたわけではありません。ぐずぐずしていた時期も、ふらふらと迷っていた時期もありました。特に、10代の頃はあっちに行ったりこっちに行ったりの繰り返しで、今、振り返ると「もったいなかった」と思うことばかりです。でも、いくつかの体験と、その時々に出会った、人生における師とも呼べる人たちのおかげで、素晴らしい気づきを得て、劇的に変わっていくことができました。

すぐに決めて、すぐ行動することがどれくらい人生においてプラスであるかを、たとえばこの本を今手に取ってくださった場面を使って説明すると、こうなります。

現在出版されている数ある書籍の中からこの本を手に取って、今、このページをご覧になっているということは、何かしら気になるところがあって興味を持ったということなのです。

「3秒」で決断する人は、「ちょっと気になるからすぐに読もう」と決めて、早速読み始めるでしょう。読み終えるのにそんなに時間はかかりません。本書からたとえ一つでも何かヒントを得ることができたとしたら、その後の人生にそれを活かしていくことができます。

残念ながら、全く役に立たなかったとしても「自分にはこの考え方は合わない」という判断ができて、それ以降は「3秒決断」や「すぐやる」といったテーマの本、あるいは僕の存在が気にならなくなります。「自分には必要ない」と自信を持ってきっぱり言えるものを決めて捨てていくことは、本書の中で大いに勧めていることなので、それも大きな成果です。どちらに転んでも、「3秒決断」は得るものがあるのです。

一方、本を手に取ってパラパラっとページをめくってみても、いつまでも「買おうかな、どうしようかな」「この本、本当に役に立つのかな」と悩んだり迷ったりする人もいるでしょう。本屋さんで、あるいは電子書店のサイトを眺めながらあっという間に30分。「やっぱり今日はやめておこう」と買わない。

この時に「買わない」という決断をキッパリしたのなら、それはOKです。買わない=それ以降もこの本のことは気にしない。そう決められたなら、その後に迷いは残りません。問題なのは、迷ったまま決めないで結論を持ち越してしまうこと。次に同じ本を見かけたときも、やはり悩んだり迷ったりしてまた時間が過ぎていきます。

何を得ることもなく、時間だけが無駄に過ぎていく……。このように「迷った結果、何も決められない」という態度が習慣になっている人は案外多いようです。本を選ぶときだけでなく、日常生活の様々な場面で、相当な時間を浪費しているに違いありません。

「もったいないなあ」と、心から思います。人生に与えられた資源の中で、時間だけは誰に対しても完全に平等で、かつ、個人の努力で増やすことが絶対にできません。しかも、自分自身の人生における残り時間があとどのくらいあるのかは、誰にもわかりません。そんな限られた貴重な時間を、迷ったり悩んだりすることに使ってしまうのは、本当にもったいないことだと思いませんか？

「3秒で決める」➡「すぐやる」

この繰り返しで、未来はどんどん自分が夢見ている方向に開いていきます。驚くほどのスピードで成功に近づくことができます。僕は現在32歳ですが、30以上の事業を動かして年商10億円を売り上げています。でも、たった12年前、20歳の頃は、二浪した末にようやく大学生になったばかりの小さな存在だったのです。

そこから加速度をつけて成功への道を進んでこられたのは、すべて「3秒決断」のおかげです。

あなたがもしも今の状況になんらかの不満や不安を感じていて、未来に向かって少しでも変わりたいと願っているのなら、今すぐにこの本を読み始めて下さい。迷ったり悩んだりしている時間ほど無意味なものはありません。「すぐ読む」ことから、新しい世界への扉がきっと開くはずです。

第1章

「3秒」で決断する人だけが成功できる

Decision in 3 seconds

「やるか、すぐやるか」

アメリカの実業家アンドリュー・カーネギーはこんな言葉を残しています。

「チャンスに出会わない人間は一人もいない。それをチャンスにできなかっただけである」

つまり、世の中にはチャンスをつかめる人間と、つかめない人間がいるということです。

チャンスに関する格言には、もう一つ大変有名なものがあります。

「チャンスの神様には前髪しかない」

チャンスをつかむには、やってきた瞬間にすぐにつかむしかないということです。見送ってしまった後では、つかむことができない。それがチャンスです。そして、チャンスというのはたいていの場合、チャレンジとセットになります。これまでにやったことがない新しいことだからこそチャンスと呼べるわけなので、そこには当然チャレンジが要求されます。

人生は常に「新しいこと」「今までやったことのないこと」へのチャレンジの連続です。そのたびに、そのチャレンジをやるかどうか迷うことに時間を費やしていたら、確実にチャレンジの数は減ってしまいます。迷う人というのは「そのチャレンジが成功するかどうか」「そのチャレンジのタイミングは今でいいのか」といったことを考えているのでしょうが、そういう人たちを見ているといつも思い出す、学生時代の二人のクラスメイトがいます。

大学時代に「留学がしたい」と考える人は多いでしょう。たいていの場合、その目的は語学の習得、つまり「英語が話せるようになりたい」というものです。彼らの留学の動機もそうでした。二人とも英語の成績は中学生の頃からずっと悪いままで、基本的な単語さえ習得できていない。でも、英語が話せると将来きっと役に立つと考えてなんとかものにしたいと願っていました。

一人は、改めて単語の習得から始めました。コツコツと単語の暗記をがんばり、次に長文の読解、ヒアリングの練習、さらに初心者向けの英会話教室にも通って地道にトレーニングを重ねます。「いつ留学するの？」と尋ねると「もう少し英語に自信がついたら」と答えて真面目に努力を重ねている様子でした。

もう一人の友人は、「留学したいんだ」と言っていたその翌月にはアメリカに旅立っていきました。そして一年後、一生懸命勉強を続けている方は、いまだに「まだちょっと自信がない」と日本に残ったままで、英会話力にたいした進歩はありません。アメリカ帰りの友人は、難なく英語で会話できるレベルになっていました。

たった一年で、これだけの差がつきます。その差を分けたのは「努力」ではなく、単純に「すぐに行動したかどうか」だったことに注目してください。


もちろんこの例のように、すぐにやったことのすべてが成功するというわけではありません。いや、いきなり始めてうまくいくということは実際にはほとんどありません。でも、確実に言えることは**「早く始める方が、早く結果がわかる」**ということです。それが成功であれ失敗であれ、早い段階で結果が出れば、すぐに次の一手を考えることができます。反省したり、気づいたりを重ねながら軌道修正をしていくことができるのです。「見切り発車」でスタートして、進みながら良い方向を探っていくというやり方です。このやり方の方が、準備に時間を使ってから始めるよりもより早く結果を得られるので、結局はゴールに早くたどり着くことができます。

たとえば前述の友人にしても、いきなりアメリカに行って、もしかしたら全然英語になじめなくて「もう英語なんて嫌だ。話せなくてもいいや！」という気持ちになって早々に帰国してきた可能性もあります。でも、たとえそうだったとしても、彼なら「自分には英語は向いてないことがわかった。もう英語のことは気にしない。他にもっと得意なことを身につけよう」と軌道修正をして、新しいチャレンジをまたすぐに始めていたに違いありません。

いつまでも準備に力を入れて、その場で足踏みして実行しないままでいるよりも「すぐやる」ことによってどんどん結果が積み上がっていく。もう一度繰り返します。

〝早く始める方が早く結果が出る〟

つまり、早く成功に近づくことができます。

「失敗イコール後悔」ではない！

「3秒で決めて後悔したことはないんですか？」という質問をよく受けます。質問というよりも「そんなに短時間で決めて、後悔しないはずがない！」「きっと何度も後悔しているはずだ！」と頭から思い込んで、そういう答えを聞き出そうとしているかのような場合がほとんどです。でも、そう期待している人には残念ながら、僕はいつもこう答えます。**「後悔したことはひとつもない」**と。

もちろん、これまでにすぐに決めて実行してきたすべてのことがうまくいったということではありません。後から振り返って「あっちの方がよかったかも」と思うことはあります。ただ、その時々にパッと思いついて「すぐにやる」と決めてチャレンジしたことが、自分にとってその時点では一番正しい選択肢だったという確信は揺らぎません。そう思えるのは**「結局、やってみたことで無駄なことはひとつもない」**という確信を持っているからです。

そんなことを言うと、さぞやこれまで順風満帆な人生だったんだろうと思われるかもしれません。たいした挫折も苦労も知らないお坊ちゃんなんだな、人生そんなに甘くないぞ、と。いえいえ、そんなことはありません。順風満帆どころか、かなりの嵐も吹き荒れてたくさんの失敗を経験しています。

わかりやすい例を挙げると、大学入学のために二浪していますし、高校生の頃に抱いていた、音楽家になるために音大に進学したいという夢は、当時の家庭の経済事情であきらめざるを得なかった。さらにさかのぼると、小学生や中学生の頃は自分ではすごく勉強したつもりなのに、いい点数が全然取れなかったという残念な思い出もあります。

今になって振り返ると「あの時、こうやっていた方がよかったな」と見えてくることも多いのですが、それを「後悔」にはしていない。なぜならすべてのことが無駄にはなっていないからです。周りの人たちがどう思っているかはわかりません。

「金川君も、もう少しあの時こうしていれば遠回りせずに済んだのに。後悔しているでしょうね」なんて思われている可能性はかなりありますが、本人である僕自身は全く後悔していません。失敗や挫折から学び取って常に前を向いて進んできたという自負があるからです。だからこそ今も「すぐ決めて、すぐやる」ことを楽しみながら続けているのです。

「後悔している」という発想は、その時点ですでにマイナス思考です。「やらなきゃよかったな」と思った瞬間に、自分自身で過去の経験を「無駄」にしてしまっている。一方で、全く同じ失敗経験をしたとしても「あの失敗のおかげで気づけたことがあったな」「失敗したからあの道はあきらめられた」というように、気づきや学びにしている人はどんどん前に、そして上に進んでいくことができます。

「試験に落ちた」「借金を背負った」「破産した」「会社をクビになった」というようなことが起こったときに、その事実だけを見るとマイナス要素であることは間違いないのですが、それらをどう解釈してどんな学びを得ていくかによって、その後の人生は大きく変わります。

決断に理由はいらない

人が何かを決めるときの要素には「理屈」と「直感」の2つがあると思います。

理屈というのは、言い換えるとすれば「計算に基づくもの」。1＋1＝2だから、こうしよう、1－3＝－2だからそれはやめておこうというような頭の働きです。これは客観的にも理解してもらいやすいので、自分の決断を他人に説明するときにはとても役に立ちます。ところが実際には、**僕自身は決断のほとんどを「直感」で行っています**（だから、他人からは理解されないことも多いのですが……）。

なぜ直感で決めるのか？

それは、結局「やりたいことをやる」とか「こうなりたい」「こんなふうに生きていきたい」というのは理屈で決められることじゃないと思うからです。理屈とか計算に引きずられてしまうと、本来やりたかったことをやらなくなってしまうような気がする。理性的に考えることで、かえって別の方向に行ってしまうんじゃないかと危惧するのです。理屈上の正しい決断は万人から受け入れられるかもしれませんが、自分の気持ちには正直じゃない。直感に嘘をついて、蓋をしてしまっていることになる。
そうはしたくないし、そうしてはいけないと思っています。

たとえば僕は、高校3年生になった時に、心に決めていた音大志望という夢を家庭の経済的な事情であきらめることになって、一般の大学、しかも難関大学への進学を目指すことを決めました。通っていた高校は、いわゆる偏差値レベルではかなり低いところで、同級生はほとんどが専門学校か就職という進路を選んでいました。僕自身も、ずっと吹奏楽部で音楽だけを夢中でやっていたので勉強の成績は下から数えた方が早いくらい。当時の偏差値は35でした。この状況で全国に名の知れた4年制大学を目指すという決断は、理屈や計算では絶対に生まれてはきません。

「これまで勉強してこなかったのだから、合格できるはずがない」
「今から勉強して間に合うとは思えない」

そう考えるのが普通でしょう。

でも、僕は「大学に行きたい」という直感を大事にしたかったのです。結果として、僕は二浪して京都にある立命館大学に入学しました。そして、またここですぐにこう決めたのです。

「在学中に公認会計士試験の合格を目指そう」

公認会計士試験というのは、日本の三大最難関資格試験に数えられるほどのもので、二浪してようやく立命館に入れた程度のアタマでは、これまた理屈で考えると「いやいや、無理でしょ！」となってしまいます。でも、僕はその時の「公認会計士になりたい」と思った気持ちを大事にしたかった。だから、大学に入学したその日に公認会計士試験突破のための学校にも入学手続きをしてダブルスクールの日々を送ることを決めました。

その後、公認会計士試験には、一度目は失敗して不合格。二度目のチャレンジで合格することができました。学生時代のうちに公認会計士試験に合格することができたのは、入学してすぐに勉強を始めたからです。あの時「こんな自分にできるかな」なんて思い悩んで迷っていたら、その分スタートが遅くなって、途中であきらめていたかもしれません。それどころか4年間の学生時代を何も始めないまま、ただ迷うだけで終わっていたかもしれません。

いずれの決断においても、僕を動かしたのは「直感」です。その結果得られたものの大きさを思うにつけて、やはり今もこう思っています。

「パッと思いついたことが、その時の正解だ」と。

「できるかどうか」じゃなくて「やりたいかどうか」

理屈と直感の話をもう少し続けます。

どういう人生が正しいのか、あるいは成功なのか。理屈で考えた場合は、子どもの頃からちゃんとしっかり勉強をして、できればいい大学を出ていい会社に入るということになるのでしょう。

仕事を楽しいとは思えなくて毎日ひどいストレスを感じていても、社会的評価が高いから我慢しよう。上司からはパワハラすれすれの扱いを受けて、毎晩遅くまでの残業が当然で、自由時間がほとんどないような毎日でも、周りのみんなも同じような環境の中で耐えてがんばっているのだから自分もそうすべきなんだろう、とあきらめている。

理屈がベースにあるから「こんなにしんどい会社だけど、世間的に見たら優良会社だし給料も安定しているし、今さら他の道を探すのも大変だからガマンした方が得だな」という発想になります。

同じ状況で直感がベースにある場合はどうなるかというと、こうなります。

「こんなしんどい会社だから、もう辞めよう。もっと他のやりたいことをやろう」

僕は明らかにこっちのタイプです。やりたいことをやる。やりたくないことはやりたくない。好きなことだけをやり続けたい。そのためには、すべての判断を直感で決めるしかないのです。たとえ理屈としては破たんしていたとしても、それでも直感の方向に動いてみる。これが結局は成功への近道であることを知っています。

何かやりたいことを思いついたとき、どうしても「自分にできるかどうか？」を考えてしまいがちです。でも、そんなことを考えるのは時間の無駄でしかありません。なぜなら、**今の自分が未来の自分の可能性を正確に測れるわけはない**からです。

ピアノを習い始めたばかりの幼い子どもが「いつかピアニストになりたい」と言ったときに「まだ片手でドレミくらいしか弾けないのに、なれるわけないでしょ！」と未来を否定する親や先生はいません。「サッカーのプロ選手になりたい」と目をキラキラさせて語る中学生に向かって「お前の今の実力では無理だからあきらめろ」なんて誰も言わないですよね。「未来の夢に向かってがんばれ」と応援するはずです。

ところが、なぜか自分自身には「今」の自分で「未来」を枠にはめてしまう。

「どんなにがんばっても、難しいだろうな」

「もし無理だったら、がんばった時間が無駄になるな」

そんなふうに考えてしまうのです。まだ最初の一歩も踏み出していないのに。まだ何のアクションも起こしていないのに。

「できるかどうか」なんて、やる前には誰にもわかりません。わからないことをいくら考えても、心配しても、そんな時間は無駄なだけ。大切なのは「やりたいかどうか」だけです。

今、自分自身が「やりたい」と思っていることをやらない理由はどこにもありません。

「普通だったらやらないよね」という選択をしよう

何かを決めるときに「みんながやっているから私もやっておこうかな」というのは僕に言わせれば最悪の発想です。みんながやっていることに今さら参加して、いったい何を得られるのでしょう。うまくいったとしても、みんなと同じ。失敗したら「みんなにできることが自分にはできない」と落ち込むことになります。

僕の提案はこうです。

「これは誰もやらないよね」という選択をしよう。

誰もチャレンジしないことにチャレンジすれば、そこにはライバルはいません。うまくいったらもちろん大きな成果になりますが、たとえ失敗しても自ら作った前例ですから、誰に恥じることはない。そこから得る学びもきっと大きいはずです。

自分自身を振り返っても、10代はずっと負け続きの日々でした。何も結果を出していない。中学生の頃まではプロ野球選手になりたいと思っていたのですが、野球部の先生が怖くて野球部を退部。野球から離れてしまいます。高校生になってからは、吹奏楽部での演奏が面白くなって、ピアノを習ったり音楽の勉強をしたりして音大進学を目指しましたが、これも結局は経済的事情であきらめることになりました。その後遅まきながら受験勉強を始めたのですが、偏差値35からのスタートです。最初の年も翌年も志望大学には不合格。二年間の浪人生活となりました。野球も音楽も勉強も、10代では何も結果を出すことができなかったわけです。

ただ、この負け続きの日々のおかげで自分自身の勝負すべき場所・領域が明確になりました。野球と音楽じゃない。「勉強だ」と。

20歳でようやく大学の新入生になった時、ようやく見つけた勝負どころの「勉強」を突き進めていくことを決意して、公認会計士を目指して猛勉強を始めます。小学生の頃から高校生まで勉強方面には全く気持ちが向かず、成績もよくなかったのに、最難関資格の一つである会計士資格を取るという20歳の決断。

「普通だったらやらないよね」という道を、この時の僕は選んだわけです。

妄想は明るい未来を描く才能だ

二浪の末に立命館大学に入って、高校時代の先生に挨拶に行った時「おめでとう。あとは、大学でのんびりできるな」と言われました。友人たちからも「がんばったな！　やっと遊べるな！」と嬉しそうにたくさんの声がかかりました。とにかくみんなから「すごい！　よくやった！」と繰り返しほめられました。僕の卒業した高校から立命館大学に進学したのは20年間で僕だけだったからです。

でも、入学式に出てみると、京セラドームの広い会場に、一万人の新入生。「全然すごくないじゃん」と思わざるを得なかった。すごいどころか、二浪の僕はスタート時点ですでに不利な感じしか持てなかったのを今も覚えています。

「これは、遊んでいる場合じゃないな」と思いました。

「遊ぶために二年も浪人したんじゃない」

そして、そのまますぐに公認会計士試験合格を目指して、ダブルスクールの生活に入りました。

それからの日々は、一日の時間のほぼすべてを勉強のために使いました。朝7時から深夜0時まで、勉強漬けの毎日。それくらい勉強しないと、僕の頭では受からないと思っていたからです。

遊びの誘いはたくさんありました。ジャズサークルの飲み会に参加したことが一度だけありましたが、楽しめませんでした。頭の中が、お酒を飲んで楽しむことよりも「在学中に公認会計士の試験に絶対に合格したい」という方向に完全に向いていたからです。

だから、その後は全くと言ってもいいほど遊んでいません。成人式にも出ていないし、卒業旅行にも行かなかった。

そんな生活で辛くなかったのか？と思われるかもしれません。だって、全然楽しくないでしょう？　と。

でも、案外僕はこの生活を楽しんでいたのです。一般的には楽しくないと思われるかもしれませんが、僕自身は楽しかった。

「試験に受かって外資系の企業で働く」
「試験に合格して、いつか起業する」

そんな未来（この時点では妄想に近かったのですが）を描いていたので、絶対にそっちの道に行くぞ！　と思えば、勉強も夢をかなえるための手段です。

ダブルスクールで、合格した人とできなかった人との格差の大きさを間近で見ていたことも大きかったと思います。「あっち（合格できなかった側）には行きたくない」「自分は絶対に合格するぞ！」と思っていたので、今日も時間がある限り勉強しよう、と素直に思えました。食事の時間も惜しんで近所のコンビニで買ってきたお弁当をささっと食べながら、そういうストイックな自分自身に当時の僕は、なんだかワクワクしていたのです。

準備は一切いらない

僕は、**何をするにしても最初からうまくいく必要はない**と思っています。受験勉強も、もちろん仕事も。日常生活においても同じです。

もっと言えば「最初からうまくいったら楽しくない」とさえ思っています。夢や目標、希望はドキドキハラハラしながら観るドラマや映画と同じで、失敗や挫折、苦悩

の末にかなうからこそ嬉しさも膨らむのです。始まって5分でハッピーエンドになる

話なんて面白くもなんともないですよね。

以前大流行したファイナルファンタジーやドラゴンクエストのようなロールプレイングゲームに夢中になった時期がありました。物語が始まったばかりの時点では、小さな力と弱い武器しか持っていないから、出会った敵にあっさり倒されてしまう。いろんな場所に出かけて出会った人の話を聞いたり、いきなり現れる敵と戦って負けたり勝ったりという経験を積み重ねていきながら少しずつレベルを上げていきます。敵の方もどんどん強くなっていきます。そして最後、敵のボスが現れる！　もちろん一回では倒せません。再び修行を重ね、たくさんの敵と戦うことでさらに経験値を上げて、また挑戦。何度かの挑戦の末にようやくボスを倒せる。

だからこそ「やったー！」と飛び上がるほどに嬉しいわけです。そこまでの過程にもワクワクできる。これが、最初からレベル１００を与えられた状態で始まっていたとしたら、たぶん全然楽しくないでしょう。出会った敵をいつでも簡単に倒せてしまうようなゲームはつまらなくて、途中で放り出すことになりそうです。

何かを始める前から「絶対に失敗したくない」と思っている人、「やり始めたことでいつでも必ず成功したい」と思っている人は、レベル100で何の苦労もなく人生をクリアしていきたいと思っているのと同じです。いわゆるミスを許さない完璧主義者です。「失敗するような人生を歩みたくない」と思っているわけです。そういう人は、行動の前に、失敗しないための準備をまず始めようとする。ゲームの例で言えば攻略本をじっくり読むタイプの人、留学の例で言えばアメリカに行く前に何年も英会話学校に通うタイプの人ということになります。

失敗しないための「準備」って本当に必要でしょうか?

小さい頃から僕たちは親や先生から何をするにつけても「もう準備はできた?」とたびたび確認されて育ってきました。どちらかといえば「準備がきちんとできている人」はしっかりした優秀な人で、「準備不足」の人は落ちこぼれという扱いになりがち。そんな環境の中では「準備万端こそが安心なんだ」「準備が大事」と思ってしまうのも仕方のないことかもしれません。

でも、僕たちはもう何も知らない子どもではないし、何かトラブルがあったときに困ってしまって途方に暮れるほど幼くもありません。大人になった今、「準備」という呪縛からそろそろ逃れてもいいのではないでしょうか。より正確に言うと、**準備という言葉の解釈を変える**と言った方がいいかもしれません。

留学する前に英会話学校に通うことが準備なのではなく、**「やってみようと思ったらすぐに行動する」とあらかじめ決めておく**ことが、成功を目指す大人たちにとっての大切な心の準備なのです。

考えてうまくいくのは天才だけ、凡人は考えるな

「一生懸命考えたんですが、うまくいきませんでした」

「一晩考えても、答えが見つかりませんでした」

こういう言葉って、結構日常的に耳にしませんか。自分でもよく使っているという人も多いと思います。僕は、こういうことを言う人にはこう教えてあげたい。

「考えたからうまくいかなかったんですよ」
「いくら考えても、答えは見つかりませんよ」

ここで目をそらさずにはっきり「真実」を言ってしまいましょう。考えてうまくいったり、考えて正しい答えが見つけられたりできるのはごく一部の天才や秀才だけです。僕たちのような「凡人」は考えても無駄、いい答えなんて思いつきません。

小学校のクラスにもいませんでしたか？

何か難しい問題を与えられたときに、一生懸命考えて鉛筆で書いては消し、書いては消しを繰り返してはいるものの授業が終わる時間になっても自信が持てる答えが見つけられないままの大多数の普通の生徒たち。答案用紙は真っ白のまま。そんな僕たちを横目に、クラスに一人か二人いる秀才・天才はもうとっくに優れた答えを出している。

そうなんです。天才は考えれば考えただけいい案が浮かんだりいいプランを思いついたりして、やがてはそれが素晴らしい発明や発見につながっていくのですが、凡人はどんなに考えても悩んでも、ただ消しゴムのかすを増やすだけなのです。

だから、凡人の一人として、僕は凡人仲間たちにこう言いたい。

「考えるな！」

僕たち凡人は、考えてもいい案なんて浮かばない。考えるのは時間の無駄です。

よく考える人というのは、すぐやる人よりも物事を始めるスピードがどうしても遅くなってしまいます。

たとえば目標を達成するために読んだ方がいいよ、と10冊の本を薦められたとします。「よく考える人」は、10冊の本のリストを眺めながらいろんなことを考えます。

「本当に役に立つのかな？」

「どれから読もうかな」

「読み終わるまでに結構時間がかかりそうだな」

頭の中で考えるばかりで、なかなか本を手に取りません。

一方「すぐやる人」は、「この10冊の本は読んだ方がいいよ」と言われたらすぐに片っ端から読み始めます。読んでみると、自分には役に立たない本やつまらない本も混ざっていることに気づきます。それでもすべてを読み終わって得た情報や気づきをいち早く整理して、その後の仕事や人生に活かすことができます。

とにかく考えずにすぐに動く。動き回って失敗して、反省したり改善したりしながら経験値を増やしていく。そうしているうちに次第に成長して、いつの間にか以前よりも良い案ができたり良いアイデアが浮かんだりするようになれるのです。（つまり、ラスボスを倒せる！）

これはいくら考えてもできることではありません。**「すぐやる」の積み重ねの果てにのみ得られる力です。**

ワクワクすることだけを続けていこう

行動するときに大事なのは「ワクワクしているかどうか？」だけです。楽しくないこと、どうもやる気が起こらないこと、やりたいと思えないことを「すぐやる」必要はありません。楽しいと思う気持ちがベースにないままでは誰だって本気で行動できないし、パフォーマンスも上がるわけありません。

あなたが心からワクワクできる、楽しいことはどんなことですか？

サッカーでも、アイドルのライブでも、読書でも映画でも食べ歩きでも旅でも、なんでもいいいからワクワクできることを書き出してみてください。そして、それを今よりももっとたくさんできるようにするためには、何をしたらいいのかを考えましょう。

僕の場合は、会計監査の仕事がとても忙しかったので、ある日ふと「自由になりたいな」と思ったのです。「もっと好きな時に好きなことをやりたいな」と。

じゃあ、そのためにはどうしたらいい？

「とりあえず、会社を辞めよう」とすぐに決めました。

僕にとって「ワクワクする」ことは、有限責任監査法人トーマツの社員であるという身分よりも「自由」だったのです。僕が大事にしたかったのは、安定した高額の収入ではなく、「縛られない時間」だったのです。

「すぐやる」という行動のベースには、そういう単純な発想だけで十分です。「毎日朝寝坊したいから会社を辞めます」でももちろんOKです。

自分の「ワクワク」にはわがままなくらい忠実に従っていいと思うのです。そんな人ばっかりになったら世の中が壊れちゃうよ、と心配する方もいらっしゃるかもしれませんが、大丈夫。世間には、真面目な方の方が圧倒的に多いので、この本の読者みんながわがままに自分の楽しみをそれぞれに追求したくらいでは、どうってことありません。

第2章

「3秒」決断ができるマインドをつくる

Decision in 3 seconds

「やらない」ことを決める

「3秒で決めて、すぐやる！」

そのために重要なのは、やらないことをキッパリと決めておくということです。一般的には「やるべきことリスト」つまり「TO DOリスト」を作って仕事や用事を進めていくのが効率的だと言われていますが、3秒決断で成功すると決めたなら、作るべきなのは「NOT TO DOリスト」です。

これは、なりたい自分になるための自分自身の棚卸しにもなる作業です。「やりたくないこと」をまずは思いつくままに書き出してください。順番は気にしなくても大丈夫です。とにかく、やりたくないことをできるだけたくさん書いてください。

僕の場合は、たとえばこういう項目が挙がりました。

・通勤電車に乗りたくない
・残業したくない

・洗濯したくない
・掃除したくない
・小銭を持ちたくない
・会議に出たくない
・コンビニに行きたくない（好きじゃない）
・宅配便を受け取りたくない（ピンポンと鳴って、玄関まで出ていくのが嫌だ）
・付き合い酒や食事に行きたくない
・派閥に入りたくない

「なんだよ、単なるわがままじゃないか！」と思われるかもしれませんが、それでも僕はこういうことをやりたくない。限りある時間を「やりたいこと」のためだけに使いたい。本気でそう思っていました。

やりたくないリストが出来上がったら（もちろん新たに思いついたらどんどん追加してください）、次はそれぞれの項目について「どうしたらやらずに済ませられるか」

を検討します。

たとえば、前述のリストのうち「通勤電車に乗りたくない」「残業したくない」「会議に出たくない」というのは、サラリーマンである限りは逃れられそうにありません。となると、これらをやめるためにはサラリーマンであることをやめるしかありません。

「よし、起業しよう！」

そう決められたのは、僕にとっては「やりたくないことを我慢して続ける」ことよりも「やりたくないことをやらなくて済む」未来に向かって行動を始めることの方がずっとストレスもなく、ワクワクできることだったからです。

もちろん会社を辞めるというのは決めたからといってすぐに明日ＯＫが出て退職できるというものではありません。それでも、この瞬間から、起業に向かって行動を起こし、前に進み始めることができました。

洗濯や掃除については、比較的簡単にやめることができました。お金を払ってプロに任せると決めたのです。今は、週に一回のペースでプロの家政婦の方に来てもらって洗濯や掃除をお願いしています。

「プロに家事を頼むなんて、そんなことができるのはお金持ちだけだ。そんな余裕はない」と思われるかもしれませんが、本当にそうでしょうか。本気でやりたくないことを回避するためだったら、月に数万円のお金は払うべきだと僕は思います。もしもそれだけのお金が今は実際に支払えない場合も、すぐにあきらめないで「やめる」ための方法を探し続けるべきです。

プロを雇うほどの収入がないなら、素人のアルバイトに頼んでみるというのはどうか？　掃除についてはルンバやブラーバといったロボット掃除機という手もあります。実際に自分で調べてみればわかることですが、シルバー人材派遣センターなどを利用すれば一時間当たり数千円の謝礼で家事代行サービスを頼むこともできます。

「NOT TO DOリスト」を考える際に大切なのは「本気でやめたい」ことだけに絞ることです。あわよくばやめられたらいいなという程度の他力本願的なものを入れてはいけません。自分自身の人生から本気で外したいもの、永遠にやりたくないものだけをピックアップするのが重要です。本気なら、やめるために料金を支払ったり、身分の保証されているサラリーマンという地位を捨てたりすることも躊躇なくできるはずです。

嫌われることを恐れない

やりたいことをやる時間を確保するためには、**やりたくないことや無駄なことは一切しない**という覚悟が必要です。そして、そういう覚悟にはどうしても周囲との軋轢がついてまわります。

人間は、自分とは違うものを批判したり排除しようとしたりする傾向があります。「出る杭は打たれる」という古くからのことわざがあるように、「みんな」というラインから抜け出した人はいつも攻撃の対象となります。

攻撃と一口で言っても、いろんな形をとることがあります。

たとえば僕は高校3年生で大学受験に失敗して浪人することを決めますが、学年全体で400人いる同級生のうち浪人するのはたった一人、僕だけでした。友人たちは全員「浪人なんてやめておけ」と言ってきました。「そんなに無理しなくていいよ」「そんなことより、俺らと遊ぼうぜ」「浪人してまでいい大学に行く意味なんてないよ」などなど、言葉だけを聞いていたら僕を心配する、友達甲斐のある言葉のようにも思えます。でも、おそらくその心の底には「一人だけ、ラインから飛び出るなよ」という思いが多かれ少なかれあったのではないかと思います。

みんなと一緒という平均値のサークル内にいると、とても生きやすいものです。とにかく友達がたくさんできます。共感というのは人と人を結ぶ大きな要素なので、自分と似たような人というのはそれだけで好意の対象となり、仲間意識が芽生えるものだからです。

その証拠に、成績が常にトップの優等生はみんなから一目置かれはするかもしれませんが、決して友達の数は多くない。それは、優等生は平均値にいる人間からは「共感できない」場所の人だからです。

成功に向かって突き進むためには、平均値というぬるま湯から抜け出す必要があります。嫌われることを恐れない。反対されることを怖がらない。時には攻撃されることもあると覚悟する。

誰かに、または何かに合わせることをキッパリとやめる。自分の気持ちを殺して社会に合わせる、流行に合わせる、家族に合わせる、友達に合わせる。そんなことは自分の人生にとって無駄でしかありません。

「群れ」という束縛からは逃げるが勝ち。群れから逃げると、それだけでかなりの時間や手間を減らすことができます。その分の時間やパワーをすべて自分自身のやりたいことに集中させましょう。

Time is LIFE!

「タイム　イズ　マネー」という言葉がありますが、時間の大切さを表すにはまだまだ甘い。「タイム」つまり時間は「マネー」よりもはるかに大切なものです。だから僕はいつもこう考えています。

「タイム　イズ　ライフ」！

そう、**時間は「命」そのもの**です。

これまでに書いた本の中の一冊に『財布はいますぐ捨てなさい』（サンライズパブリッシング）というのがあって、人生から捨てるべきだと考えているものをいくつも数え上げて紹介しています。

なぜいろんなものを捨てるべきなのか？　それは、時間をより有効に使うためです。単純に考えて、１００の選択肢がある問題よりも3つしか選択肢がない問題の方が早く答えを決めることができますよね。日常生活のどの場面においても、この「選択肢が少ない」状況を作っておくことが、時間を効率的に使うための大きなポイントとなります。

僕がどんなふうにいろんなものを捨てているのか、少し話してみましょうか。たとえば食事。「さあ、今夜何を食べに行こうか」となったとき、僕の暮らす東京・六本木には様々な選択肢があります。フレンチ、イタリアン、寿司、和食、北京料理に広東料理、韓国料理、そば、すき焼きも焼肉もしゃぶしゃぶも、老舗のいなり寿司屋さんなんてのもあって、数えきれないほどの種類の店が候補に挙がります。もしもそのうちのいくつかの選択肢をあらかじめ捨てていなかったとしたら、僕は毎日夕方になると「さあ。今夜はどうしよう？」と一から考えることになってしまいます。そんな時間の、なんともったいないことか！

だから僕は「食事に行く店の断捨離」をもうすでに終えています。身体を鍛えたいという目的があるので、炭水化物や糖質は基本的にはとらないと決めています。特に、小麦粉でできたパンやうどん、ラーメンやパスタは食べない。となると、イタリアンやフレンチは最初から選択肢に入りません。中華系も麺を食べてしまう可能性が高いから、行かない。すき焼きも味付けに砂糖をたくさん使用するから、食べたくない。というふうに判断の基準ラインがはっきりしているとバンバン捨てることができるので、残った選択肢はせいぜい3～5つ程度です。

その中からその日の気分でパッと3秒で決める。一回一回の食事を決めるのに使う時間や労力は、その程度で十分です。よく「あれもこれもおいしそうで迷っちゃう～」なんて言っている人がいますが、食べたいものが他にもあるなら、それは明日食べればいい。それだけのことです。


部屋の中の断捨離も必要です。

「今日は、この本を読んでしっかり勉強するぞ」と思っているのに視界の中にDVDや漫画が入ってきたら、ついそちらに手が伸びる。仕事に集中しようとパソコンに向かっても、机の上に別の仕事の書類が置いてあったらつい読んでしまう。帰宅したらなんとなく習慣でテレビをつけてしまう。選択肢が多い部屋は、集中力を妨げてしまいます。漫画やDVDは仕事部屋からは徹底的に片づけてしまいこみましょう。テレビは成功を手にするまでは捨ててしまった方がいいかもしれません。

スマホにも要注意です。身近に置いておく限り、ついそちらに目が行ってしまう。

うっかりＳＮＳやネットニュースを読みだしたらあっという間に時間が過ぎてしまいます。スマホについては、使う時間をきっちり決めることをお勧めします。ラインやメールの返事はその時間内だけにすると決めて、それ以外は一切画面を開かない。着信音は常にサイレントモードに。ＳＮＳも同様に、決まった時間だけしか見ないと決める。フェイスブックの「いいね！」は一切押さない。コメントもしない。電話も急ぎの連絡を待っている時以外は、自分で決めた時間に折り返せば十分だと思います。

選択肢が減らせない、断捨離が進まないという人は、自分自身の「基準」が確立できていないからです。基準が定まっていないから、毎回悩んでしまうのです。「やらないことリスト」の話のところでも書きましたが、自分の日常的な行動について、**ここから先はためらわずに捨てるという基準ラインを引いておく**ことが、成功に向かうためには必須条件となります。

たとえば「飲みに行くのは週に二回まで」という基準を決めたら、それ以外の誘いは、その内容にかかわらずすべて断る。どうしても惜しい人からの誘いだったら、また別の週に自分から誘って企画すればいいだけのことです。

この基準は、それぞれ自分自身の人生の目的に応じて決めてください。人生の目的が「楽しくワイワイ飲むことだ！」という人は、もちろん毎晩でも楽しく飲んで過ごしてください。誰もそれを止めません。人生の目的が「毎晩何を食べるか迷うことだ」というのなら、たっぷり迷って楽しんでください。でも、僕のようにもっと他に大切な目的がある場合は、大切じゃないことはどんどん捨てて身軽になっておくのが賢明です。

「お金」「時間」「努力」を使う者が勝つ

普通の人が「できれば使いたくない」と思っているものが3つあります。

それは「お金」、「時間」、そして「努力」です。

なるべくならお金を払わずにいいものを手に入れたい。

できる限り時間をかけずにゴールしたい。
あんまり努力しないで済めば、いいなぁ……。

そうなのです。たいていの人は「お金を払いたくない」「時間を使いたくない」「がんばりたくない」と思っています。

だからこそ、この３つを積極的に使うことができるかどうかで、他の人たちと大きな差をつけることができます。

たくさんお金を使って、時間をかけて取り組んで、精いっぱい努力する。それだけで、他の大多数の人たちから頭一つ抜け出すことができます。

「お金」と「時間」と「努力」は掛け算で、より速く結果に結びつきます。

僕も公認会計士試験の合格を目指して勉強しているときは、ダブルスクールに高額の授業料を支払い、一日中勉強をしました。だからこそ在学中に合格することができたのです。これら３つの要素は、すべてそろってこそ大きな力になります。一つでも欠けると、結果に大きな差がつきます。

ただし、お金も時間も努力も、使うのは「やりたいこと」だけに集中しなければなりません。多くの人は、これらを「やりたいこと」だけじゃなく「やりたくないこと」や「どうでもいいこと」に分散してしまうので、本当にやりたいことへ向けるべきパワーが少なくなってしまっています。

こんなにお金をかけているのに、何も得るものがない。
こんなに時間をかけたのに、モノにならない。
こんなにがんばったのに、成果が一向に出ない。

正しく3つの要素を掛け合わせていれば、本来、こういうことは起こらないはずです。もしも今、そういう状態にいるとしたらそれはきっと向けるべき方向が間違っているからです。今すぐ見直してみることが必要です。

正解がある問題は、すぐに答えを見ればいい

仕事でも勉強でも、正しい答えがある場合とない場合があります。正しい答えがある場合は、僕はすぐに答えを見ます。一生懸命に手探りで考えて時間を浪費するよりも、正しい答えへの道筋を理解して覚えることに時間を使いたいと思うからです。

問題集を解くときに、必死で考えて答えを出して後ろの解答を見たら間違っていた！　あれ、どこで間違ったんだろう？　と、もう一度やり直してみたけれど、正しい解き方がわかっていないから何度やっても正しい答えにたどり着けない。それが努力だとかがんばりだとは、僕には思えない。

それよりも、問題を見てわからないなと思ったらすぐに答えを見る。その解説を読む。

そうやって正しい解き方を学べばいい。その問題を次からは解けるようになることの方が、わからないまま考え続けることによりよっぽど大事なことのはずです。

世の中に出て仕事をするようになると、こんどは「正しい答えがない」問題が山積みです。たとえば裁判。法律の条文はあるけれど、事例に応じてどう解釈するかに「これが正解」というものはありません。

企業でも、「こういう広告を打てば必ず売れる」「こういう人を雇えば、必ずうまくいく」ということはなく、実際に行動しながら、模索しながらベターな答えを探していく、ということになります。

「正しい答えはない」
「唯一の正解というものは存在しない」

そう割り切ることが重要です。正しい答えを見つけることに執着しないことが、大切なのです。

本を出版するたびに、僕は思います。

「100万部超えのミリオンセラーにしたいな」

でも、確実にそうするための方法はありません。あるとしたら、自分で100万冊購入するという手くらいです。どんなに研究しても勉強しても「100万部売れる本を作るための正解」は存在しない。だとしたら、楽しみながら試行錯誤をしていくしかありません。

大人になってから出会う問題のほとんどは、正解がないものです。

就職活動中の人なら「A社とB社、どっちに就職しよう？」と悩みます。

企業の宣伝部にいる人は「この広告の文字の色は、ピンクと緑のどちらにしよう？」と考えます。

株式投資で儲けたい人は「今、株を買うならどの会社がいいんだろう？」と調べたり考えたりしますし、プライベートでは「Hさんと結婚して、本当にいいのかな？」「彼と別れるべきかどうか？」なんて悩んでいる人も多いでしょう。

正解がない問題に出会ったときは、そこで立ち止まって考え込まないこと。行動しながら自分にとってより良い答えを見つけていく過程を楽しみましょう。

サンクコストにとらわれるな！

僕がかつて3年間勤めていたのは世界一の規模を誇る有限責任監査法人トーマツで、給料も初任給で年収６００万円超えという、非常に高いレベルの待遇が保証されたところでした。だから、僕が「辞めることにした」と言ったときには、ほとんどの人が驚きました。


「せっかくいい会社に就職できたのに」

「あんなに苦労して公認会計士試験に合格したのに」

そう言った後でみんなこう続けました。

「辞めるなんて、もったいない……」

この発想は、経営学でいうところのサンクコストにとらわれた考え方です。サンクコストというのは、すでに支出され、今後の意思決定にかかわらず回収できない費用のことを指します。

たとえば１８００円で買った映画のチケットがあるとします。映画館で観始めてみたら、全く興味が持てない内容であることに気づいた。「それでも、１８００円も払ったんだからもったいない」と最後まで観ることにこだわる人は、サンクコストの呪いにかかった人です。映画を観終わるのに必要な時間は、2時間くらいでしょうか。１８００円という「すでに支払った支出」のために、未来の2時間を面白くもない映画を観るために使う。その方がずっともったいない。

しかも、もったいないの種類が全く違います。一方はお金で、もう一方は時間。他のところでもお話ししたように、成功するために最も大切なのは「時間」です。お金ではありません。

だから、僕は「会社を辞めたい」と思ったときには躊躇なく辞めるための行動を始めました。実際に退職するまでには3か月ほどかかりましたが、その間に自身で起業して始めたネット広告の仕事で、会社を辞めても全く困らない程度の収入を得ることに成功していました。その後、事業をどんどん展開し、現在は会計監査の仕事とは関係のない仕事で年商10億円を上げています。

行動するタイミングがわからないと言う人がいますが、それは非常にシンプルなサインです。**「やりたいな」と心が動いたときが、まさにその時、行動を始めるタイミング**です。しかも、**すぐに始めることが絶対条件**です。ここでほんの少しでも迷うと、少しのつもりがどんどん伸びて、後れをとってしまいます。もっとひどい場合には、せっかく芽生えたやりたい気持ちが後悔と自己嫌悪だけを残して消えてなくなってしまう、なんてことにもなりかねません。

時給思考を持つ

これまでに、自分の時給がいくらくらいなのかを考えたことはありますか？　もし考えたことがないなら、今すぐ計算してみてください。

計算方法は、次のように考えればいいでしょう。

① 一日の平均的な仕事時間は何時間ですか？
② 月のうち何日働いていますか？
③ あなたの月給はいくらですか？

計算式は「③÷(①×②)」です。

フリーで仕事をしている知人のMさんに聞いてみたところ、一日の仕事時間の平均は7時間程度、土日はなるべく休んでいるので月に22日くらいの勤務状況で、平均報酬は30万円ということでした。彼女の時給は「30万円÷(7×22)」で、約1950円ということになります。コンビニやスーパーのレジ打ちのアルバイトに比べると2倍程度の時給ですが、これまで計算したことのなかったMさんは「意外と少ないものですね」と、ショックを受けているようでした。

一日は24時間です。これは、すべての人に平等に与えられたもので、誰がどんな手を使っても、あらゆる権力やお金を費やしても、決して増やすことはできません。何を目指すとしても、24時間の中で勝負するしか方法はありません。24時間をどう使うか？　まずはこれを意識することから始めましょう。

時間は4つの使い方に分類できます。

1つ目は、生命を維持し、生活を営むために最低限必要な時間です。睡眠、食事の他に、就業時間や通勤時間などもここに含まれます。

2つ目は、人生における目標を達成するために使う時間です。弁護士になりたいなら司法試験に合格するために勉強する時間、英語が話せるようになりたいならその訓練のための時間などがここに該当します。なりたい自分になるために使う時間です。

未来の成功を目指すのであればこの時間を確保することが非常に重要です。

3つ目は、楽しむための時間です。仕事帰りに同僚とおいしいものを食べて飲んでカラオケに行く。休みの日には趣味のゲームをしたり、DVDで映画を楽しんだりする。自分にとって心地いいこと、楽しいこと、好きなことをする時間です。人生の目的に向かってスピーディに進みたいときには、ここに該当する楽しみのための時間はなるべく削った方がいいのですが、精神的な安定を保つためにはどうしても必要ということもあるでしょう。

そして最後の4つ目は、これまで挙げた3つ以外の全く無意味な無駄な時間です。やりたいという積極的な気持ちもなく、やっていて楽しいという心地よさもなく、それどころか「ああ無駄だった」「どうしてこんなことに時間を使ってしまったんだろう?」と思ってしまうような時間のことです。ベッドに入ったのになかなか寝付けなくて、ついフェイスブックを眺めていたらあっという間に一時間がたってしまったなんていうのは、ここに分類されます。今すぐ削るべき時間は、この部分です。

時給計算もそうですが、時間のことを考えるときには具体的に可視化してみることが大切です。みなさんの時間の使い方を、ぜひ、これら4つに分類してみてください。おそらくほとんどの方が、その結果に驚くはずです。

「思っていたより、無駄が多かった！」

「目標達成に使う時間より楽しむための時間の方が多かった……」

そうなんです。自分が普段何に時間を使っているのかを考えたことがない人のなんと多いことか。そのことに、僕の方がびっくりしています。

時間の使い方を意識できるようになれば、どんどん無駄がそぎ落とされていきます。目指す未来に向かっての時間の使い方も明確になります。僕が本書で何度も繰り返し伝えている**「迷うのは時間の無駄」「考える時間はいらない」**ということも、時給思考を身につけた人になら、すんなり理解してもらえるはずです。

見切り発車でGO！GO！

成功できるかどうか、お金持ちになれるかどうかは**「頭の中にあることを実際に行動に移せるかどうか」**次第です。頭の中でいくら素晴らしい事業のアイデアや、お金儲けができそうな仕組みを考えついたとしても「失敗したら大損だな」とか「時期尚早かもしれない」なんてくよくよ悩んで一歩も踏み出せないようでは、いつまでたっても成功者にはなれません。

成功したいなら「どうなるかわからないけど、やってみよう」という見切り発車できる精神が必要です。結局、**すぐに行動した人が結果的には「早く、うまくいく」ものなのです。**課題を与えられたときに、一時間ずっと考えていた人と、とにかく手を動かし続けた人とでは、後者の方が絶対に先に解決にたどり着けます。僕自身の経験からもそれは確かです。楽器にしても勉強にしても、やると決めてすぐにやり始め、やり続けることで目指すものを次々に手に入れてきました。

高校時代の吹奏楽部では、全くの初心者から始めて一年で、トロンボーンのパートリーダーに選ばれたり、偏差値35から難関大学に合格を果たしたり、さらには公認会計士試験にも合格しています。いずれの場合も、成功の要因は「考えずに行動したこと」でした。見切り発車で結果オーライ！　なのです。

「とりあえずやってみる」というくらいの気持ちで大丈夫です。未来は誰にも予測できない。絶対に成功すると確信できることなんて、ひとつもありません。とりあえず進み出してみたら、あれ、なんか違うぞ、と思うこともきっとあります。きっとあるとわかった上で、でもとりあえず走ってみる。それで失敗しても、思ったほどまっすぐな道じゃなくてすぐに壁にぶち当たったとしても、またそこから計画を軌道修正すればいいだけのことです。

進んだ道が行き止まりかもしれない？

行き止まりだとわかったことで、その選択肢を捨てることができることを喜びましょう。そのことに気づけるのは、実際に行動した人だけです。

行動は、ただのひとつも決して無駄にはなりません。すべてが経験値となって積み重ねられ、やがて大きな力に変わります。**人生は、思索ではなく行動を積み重ねたものが勝ちます。**そして、よりたくさんの行動を続けるためのたったひとつの方法が「すぐやる」ことなのです。

考えるな！　リサーチして真似ろ！

ここまでに繰り返し**「考えずに行動しろ！」**と言い続けていますが、どんなことにも無防備なままやみくもに飛び出してみろという意味ではありません。天才でもない凡人が自分の頭で考えるのはいくら考えても時間の無駄ですが、その代わりにやるべきことがあります。それが、リサーチです。

たとえば僕は、現在は複数の事業を動かしている経営者なので、絶えず良い人材を採用する必要に迫られています。おかげさまでたくさんの人が「一緒に働きたい」と僕の会社を訪ねてくれます。その人たちの中から誰を選ぶべきかは、考えるのではなく客観的なリサーチによって決定します。僕が人材採用のプロだったなら考えて良い答えを出すこともできるのでしょうが、実際にはそうではない。だったら考えても無駄。よくわからないことに対するときには考えるのではなくリサーチすることが正しいアプローチの方法だと思っています。

事業を進める際にも、徹底的にリサーチします。本も読みますし、セミナーに参加したりもしますが、最も大切にしているのはたくさんの人の話を聞くことです。成功した人の成功談はもちろんのこと、できる限り失敗談も収集します。

成功したやり方は、徹底的に真似をする。失敗したやり方は、その原因がどこにあるかを見つけて絶対に同じ過ちをおかさない。この時、成功パターンには自分の考えを入れずに徹底的に真似をすること、また、やらないと決めたことは絶対にやらないということがとても大切です。せっかく成功例をリサーチしたのに、そこに自分の考えを入れてしまう。自分のやりたい方向に強引にやり方を変えてしまう。そういう人は、いつまでたっても現在の自分の殻を破ることができません。

一つの案件のリサーチに使っていいのは、最大で三日間です。三日間では短すぎると感じるかもしれませんが、どこかで期限を切らないとリサーチには終わりがありません。

リサーチ期間は、自分が成し遂げたい目標をすでに達成している成功者を探すことに集中します。いわゆるメンター探しです。インターネットで情報を集めたり、信頼できる人からの紹介を受けたりして話を聞きたい人をリストアップし、最終的に3人程度に絞り込みます。三日間で見つかる中でのベターの選択で構いません。ベストの選択にこだわりすぎるといたずらに時間が過ぎ、その分労力も吸い取られます。

しかも、そもそも誰がベストかなんてことは、その時点では誰にもわかりません。3人のメンター候補を決めたら四日目には直接会いに行きます。この、直接会えるというのがメンター選びの最後の決め手です。

どんなことでもそうですが、何かをうまくやるためにはすでにうまくやっている人から教えてもらうのがいちばん効果的です。卵がふんわりとろけるようなオムライスを作りたかったら、そういうオムライスを作れる人に作り方を教わる。公認会計士試験に合格したいなら、合格者の体験記を読んで同じように勉強する。結果を出している人たちには必ず共通点があります。同様にいつまでたっても結果を出せない人にも何らかの共通点があるものです。

過去は幻想だ

大人になって記憶が遠ざかるにつれて、かえって過去を過大評価してしまいがちです。「子どもの頃は、学年でいちばん足が速かった」というようにプラスの場合もあれば、「ずっと算数が苦手で、数字を見ただけで今も辛くなる」というマイナスの場合もあります。

でも、どちらの人にも僕は言いたい。**過去は幻想に過ぎない**ですよ、と。

たとえば僕は小学生時代から高校3年生までずっと勉強の成績はクラスの中でもで

きない方に属していて、勉強が苦手だったという過去の事実があります。でも、「僕には勉強ができない」という過去の事実と現在の僕とは、実は全く関連はありません。実際、二浪はしたものの難関大学に合格もできたし、その後公認会計士の試験にも二度のチャレンジで合格することができました。大学卒業後は世界一の規模を誇る会計事務所にポジションを得ることもできました。外資系監査法人で働く僕と、勉強ができなかった小学生の僕は、同じ僕ではあるけれど原因と結果のようにつながっているわけではありません。

そして現在のように、起業して様々な事業を動かしている僕は、監査法人時代という過去の自分とも、やっぱり全く関連はありません。過去から現在に時はつながっていますが、過去の記憶の中にいる自分の「できた・できなかった」は今の自分の「できる・できない」とはイコールではありません。

できなかったという過去に縛られて、今もできないと思いこみ苦手意識から逃れられない人は、過去はできなかったけどその後できるようになったことを思い返してみるといいでしょう。印象に残っているものだけでも数えきれないほどたくさんあるはずです。自転車に乗ること、鉄棒での逆上がり、跳び箱の8段飛び、最初は難しいと思った因数分解、ABCから学んだ英語、半熟の目玉焼きのつくり方、車の運転。

そうです。今手にしていることのすべては「できなかった過去」があって、その後できるようになったものです。

過去にできなかったからといって、今やこの先もずっと絶対にできないなんてことはありません。重要なのは、それをやりたいかどうか。ただ、それだけです。過去にとらわれるのはやめましょう。**過去の自分の出来・不出来なんて、全く気にする必要はありません。**

第3章

成功する人が使う口ぐせ

Decision in 3 seconds

言葉一つで人生は変わる

　ここまでにも何度か語ってきましたが、高校時代の僕は本気で音楽の道でプロになりたいと考えていました。音大でしっかり勉強をして、ミュージシャンになりたかったのです。でも、音大に進学して卒業するまでには、学費だけじゃなくレッスン代や一人暮らしの費用なども含めて２０００万円くらいかかります。当時の僕は、中学生の頃に両親が離婚していたので、写真館を営む父親に引き取られていました。その頃の父の収入ではとてもそんな大金を捻出することはできません。相談はしてみましたが、やはり「無理だ」ということでした。

　兄は、子どもの頃から成績優秀だったので国立の北海道大学に現役で合格していましたが、僕の方はミュージシャンを目指していたこともあって高校時代は勉強なんて二の次でした。今さら進路を変えろと言われても……と、投げやりになって気持ちが荒れた時期がありました。

　久しぶりに会った母方の祖父に甘える気持ちもあって「最悪だよ」と愚痴ってしま

ったとき、祖父が教えてくれたのがマザー・テレサの言葉でした。

「思考に気をつけなさい、それはいつか言葉になるから。言葉に気をつけなさい、それはいつか行動になるから。行動に気をつけなさい、それはいつか習慣になるから。習慣に気をつけなさい、それはいつか性格になるから。性格に気をつけなさい、それはいつか運命になるから」

祖父はこの言葉で「言葉遣いに気をつけないと、本当にどん底に落ちるよ」ということを伝えたかったようでした。

音楽の道が閉ざされたとしても、それと同じくらいやりたいことが見つかるようにワクワクしていなさい。17歳で音楽をあきらめたからといって、人生が終わるわけじゃない。辛い気持ちはわかるけど「最悪だ」なんて言ってないで、音楽と同じくらい好きなことを見つけるように努力しなさい。無理矢理にでも前向きな言葉を使いなさい。**発する言葉が思考も習慣も行動も変えていく。**つまり、それによって性格が作られて、将来も決まる。「最悪だ」という言葉の先に待っているのは最悪な人生でしかないんだよ、と。

そしてこう問いかけてきたのです。

「お前の人生には音楽の道しかないのか？　音楽がなくなったら、本当に最悪になってしまうのか？　本当にそうか？」

その言葉をきっかけに「音楽の道に進みたい」という自分の願望をちょっと冷静になって見つめ直してみました。

なぜ、いつからそう思うようになったんだろう？

中学までは野球少年でした。高校に入って音楽に興味を持ったそもそものきっかけは「可愛い女の子がいる」という理由で友達に誘われて吹奏楽部に入部したことです。そんな理由で入ったので、トロンボーンのパートに入れられたものの練習など全くやる気がありません。ただ、不良っぽい先輩たちと仲良くなって一緒に遊ぶのは楽しかったので、部活に顔は出していました。

夏になると吹奏楽部は大きな大会を迎えます。部員全員が出られるわけではなく、選抜制です。練習不足の一年生の僕は当然選ばれませんから、ますます練習にも力が入らない。そんなある日、先輩がふざけて「音楽室で花火をしよう」と言い出しました。面白がって軽い気持ちで一緒にやってみたところ、思った以上に煙が出て火災報知機の警報が鳴り響きました。その後は大騒ぎに。職員室に呼び出しを食らってたっぷり叱られて、その上、当面の間音楽室が使用禁止になってしまったのです。

ここで、僕はハッと気づきました。自分が軽い気持ちで適当なことばかりしてきたせいで100人くらいいる吹奏部員に迷惑をかけてしまったということに。大会前の大事な時期に音楽室が使えないというのは、かなり深刻な事態です。それまでの16年の人生で、そんなに多くの人にひどい迷惑をかけたことはなかったので、その事態にあわてふためき、心の底から申し訳ない思いでいっぱいになりました。

反省して謝りに行ったとき、部長から「吹奏楽部を辞めるか、それとも真剣にやり直すか、どちらかを選べ」と言われました。「やり直す」と決めた僕は、その日から本気でトロンボーンの練習を始めて次第にのめり込んでいったのです。

それからは、まさに音楽漬けの毎日。朝は7時には学校に着いて練習、放課後は駅に向かう最終バスに間に合うギリギリの夜9時まで練習。それを一日も欠かさず続けました。どんどん音楽が好きになり、気がつくとミュージシャンになりたいという夢を描くようになっていたのです。

この過程を思い返したことで、僕は気づきました。

「そうだ、音楽だって最初から好きなわけではなかったんだ。やると決めて続けるうちにどんどん好きになっていったんだ。これからだって、そういう対象はきっといくつも見つかるはずだ」

自分の体験と祖父の言葉がリンクしてストンと腑に落ちた瞬間でした。この時から、僕は一切のネガティブ発言をやめました。そして、そこから本当に人生が変わっていったのです。

口ぐせを変えれば行動が変わる

ポジティブな言葉を使うと、生産性がぐんと上がることをご存じでしょうか。

吹奏楽部で当初はやる気のない落ちこぼれだった僕がその後トロンボーンのパートリーダーになれたのは、もっとうまくなりたい、たくさんの人の前で演奏できるようになりたいという思いでいつもワクワク感を感じながら練習したからだと思います。

「すっごい楽しい」「面白い」「トロンボーン、最高！」と、自分の気持ちを繰り返し言葉に出してもいました。もしもこの時、反対に「みんなより遅いスタートでうまくなれるわけがない」「どんなに練習をしても辛いだけだ」なんて思ったり愚痴ったりしていたとしたら、きっと結果を出すことはできなかったはずで、もしもそうなっていたらと思うとぞっとします。

言葉というのは一生懸命考えて放たれることもあれば、無意識にうっかり出てしまうこともあります。後者の方がその人の「口ぐせ」で、この口ぐせは驚くほどの影響力を持っています。たとえば、ちょっとした作業が生じるたびについ「めんどくさい」と言ってしまう口ぐせを持っている人は「めんどくさがり」という性格になります。「あー、疲れた」とばかり繰り返している人は、周りから見たら「いつも疲れていて陰気な人」です。発する言葉は人格を表します。

無意識につい出てしまうからこその「口ぐせ」ではありますが、意識して変えていくことはできるはずです。**発する言葉には性格や人格、さらには運命までをも変える力がある**のですから、少しでも早いうちに良い口ぐせを身につけた方が絶対に得です。

実際に世の中で成功者と呼ばれる人たちや身近なところで実績を出している人たちの発する言葉を観察してみると共通の口ぐせがあることがわかります。

次からは、そういう人生がより良くなる口ぐせをご紹介します。今すぐ、口に出してみてください。そして、どんどん使ってください。

今すぐ使いたい口ぐせ①「それ、面白い！」

監査法人時代に、Ｋさんという2つ上の先輩がいました。同期の出世頭で、見た目もさわやか。上司からも部下からも好かれて、責任ある仕事を任されています。Ｋさんは僕の指導係でもあったので話す機会がたくさんありました。

先輩が後輩を指導するときには、たいていの場合は「この仕事はこうすればできるようになるから、がんばってやってね」という教え方になると思いますが、Ｋさんは違いました。

「どうやったら、できる会計士になれると思う？」と、僕に聞いてくるのです。返事に窮していたら、こう教えてくれました。

「とにかくどんな仕事も、ワクワク面白がることだよ」

新人だから、仕事はできなくて当たり前。みんなそれは知っているから「誰も金川君の仕事の出来具合なんて見てないよ」と。じゃあ何を見ているのか。それは、顔や態度だと教えられました。楽しそうに好奇心をもって仕事をしていれば、それは顔や態度に出る。重要な仕事をもっと任せたくなります。めんどくさそうに、暗い顔で仕事をしていたら「これ以上の仕事は無理だろう」と判断されてしまいます。

仕事を続けていると、理不尽な上司やクライアントが現れることもあれば、手間のかかる仕事を押しつけられることもあります。そんなマイナスの状況であったとしてもワクワク面白がることができるかどうかが前へ進めるのか、その場にとどまってしまうのかの大きな分かれ目となります。やったことのないことや、自分にはまだうまくできないことであっても好奇心旺盛に取り組むことさえできれば、新しい地平を切り拓くことができるのです。

そう教わって以来、僕はなんでもすぐに面白がることに決めました。たとえば「誰か売掛金の担当やりたい人いる？」と聞かれたとき、ためらう同僚に先んじてすぐに**「面白そうですね！　やりたいです」**と手を挙げて引き受けました。その時点では面白いかどうかなんて全くわかりません。無理やり面白がって始めたわけですが、実際にその仕事をマスターしてできるようになるにつれて、本当に面白くなりました。また、ワクワクを口に出して仕事をしていることで後輩にも「なんだか頼もしい先輩だ！」と頼られるようになり、そのうち上司からもどんどん仕事を任されるようになっていきました。

「面白い」は、実は今ではなく先を見ている言葉です。今目の前にある課題そのものは、難しかったり面倒であったりするのだけれど、それをクリアした後に面白いことが待っている、面白さが手に入る。仕事や勉強なんて、それ自体が面白いわけではないのは当然です。でも、できなかったことができるようになりわからない問題が解けるようになるはずの未来の状態にはワクワクする。そうなれたらきっと面白い。そういう「先」が見えるようになると、どんなときにもさっとすぐにこう言えるのです。

「あ、それ面白そうですね！」

なにげなく「面白い」という言葉が出てくる人は、先の喜びが見えている人。つまり、人生が充実している人です。「面白い！」を口ぐせにして使っていると、自然と物事を前向きに考えることができるようになって、常に明るい未来が見えるようになります。

今すぐ使いたい口ぐせ②　「なんとかなる！」

現在成功している人は、過去に失敗もたくさんしているはずです。数だけで言えば、成功の数よりも失敗の方が多いかもしれません。1つ目で紹介したように「面白そう！」と始めた事業がうまくいかなかったこともあるでしょう。でも大丈夫、失敗はすべて想定内です。大事なのは失敗した後にどう行動するかということです。

「もうダメだ」と沈み込んでしまうのか、**「いや、絶対なんとかなる」**と奮起するのか。どちらをとるかで成功への距離に雲泥の差がつきます。

もしも顧客に大きな迷惑をかけるような失敗をしでかしたとしても「すぐに謝りに

いこう！　絶対なんとかなる」と思えるかどうか。何もかもがうまくいかないときにでも「明日になれば、この流れも変わる。なんとかなるよ」と口に出して言えるかどうかがとても重要です。

「なんとかなる」という気持ちでいると、踏ん張ってなんとかするための努力をすることができます。「もうダメだ、もう無理だ」とあきらめてしまったら、そこで終わってしまいます。

チームのメンバーが大きな失敗をしたときにも「なんとかなるよ」と声をかけて、手助けをしてあげることが仲間としてのあるべき振る舞いです。失敗から学ぶことができれば、大きく成長することができます。また、「なんとかなる」と励まして信頼を寄せてくれた仲間に対しては、相手も「一生ついていこう！」と思ってくれるものです。

「なんとかなる！」は自分だけでなく、周りの人も元気にすることができる素晴らしい口ぐせなのです。

今すぐ使いたい口ぐせ③　「とりあえずやってみよう」

３つ目にオススメするのは、本書のベースとなるテーマにもつながる口ぐせです。

「とりあえず、やってみよう」

新しくやりたいことに出会ったとき、人は「やるか、すぐやるか」の選択をすることになります。第一章のところで例にも出したように「留学したい」という願望に対して、いつか留学するのか、それともすぐ留学するのかという選択です。そして僕自身は**「いつかやるなら、すぐやるしかない」**と思っているので、常に「すぐやる」の一択です。その時の合言葉が「とりあえず、やってみよう！」

なぜ、すぐやると決めているのか。それは、ゆっくりスタートすると、不安が入り込んでくるからです。

「他にもっといい話があるかも」
「失敗したらどうしよう？」

考え始めると、人は必ずプラスではなくマイナスの方向に思考が傾きます。公認会計士試験を受けてみようかな、と考える人はたくさんいますが、多くの人は「でも、すごく難しくて合格率が低いから受からないかもしれない」「資格学校はお金もかかるしなぁ」「そんなに勉強できるかな」などとやる前に考えてしまって、そこであきらめてしまいます。

ところが、いったん「やる」と決めた場合には「うまくいくこと」だけを考えてそのために何をすればいいのかという建設的な発想がどんどん湧き上がってきます。「受けるからには合格したい。そのためには……」という方向に頭も心も向いてくれるので、行動が伴って結果を出すことができるのです。

もちろん、それでも合格できないこともあります。僕も一回目の試験は不合格でした。でも、行動した結果としての失敗は、すべて次に活かすことができます。「次はここを重点的に勉強しよう」「もう少し応用問題に強くなろう」というように前へ、前へと自分自身を運んでくれるのです。その結果、二度目の挑戦で合格を果たすことができました。

ただ、やみくもになんでも「とりあえずやってみよう」と勧めているわけではありません。明らかに無謀なことでやりたくないと感じていることをやる必要はありません。そうじゃなくて「やりたい」と思っていること、それができたらいいなとワクワクできる楽しいことを「すぐやる」「とりあえずやってみる」ということです。

「せねばならぬ」「したほうがいい」というモチベーション系の動機のものをやる必要はありません。「楽しいからやってみる」「やってみたい！」という気持ちになれているかどうかが重要です。

こういう話をしていると「だって、勉強は楽しくないですよ。それでも合格したいからしないといけないわけですよね。それじゃダメなんですか」と言う人がいます。はい。それではダメです。そういう気持ちでは、たぶん続かないしうまくいかない。コツは、先を見つめることだと「面白い」の口ぐせのところで説明しました。ここでフォーカスすべきは今現在の勉強ではなく、それがもたらす未来の結果です。**今を楽しくしてくれるのは、その先に待っている結果にワクワクする気持ちです。**

今すぐ使いたい口ぐせ④　「たしかに！」（「それもありだね」）

世の中には、会話の中で相手の言葉を否定することから入る人がとても多いことに気づいていますか？　自分はそんなことはないと思った方も改めて振り返ってみてください。

たとえば気のおけない友人との会話。親しさに油断して、ついこんなふうに言ってしまっていないでしょうか。


「うそでしょ？」

「まさか」

「そんなわけないじゃん」

「無理！」

もちろん友人同士の気軽な言葉のキャッチボールとして、話を盛り上げるために感嘆符的に用いる使い方であれば問題はありません。でも、相手が真剣にあなたに対して何かを伝えようとしているのに「それはないな」とか「無理、無理！」と反射的に言ってしまってはいないでしょうか。

これらの言葉はほとんどの場合「口ぐせ」になってしまっているようで、友達同士や親子の日常会話に非常に多く見受けられます。仕事の場においても、誰かが何か新しいアクションを起こそうとするとすかさず「そんなの無理です」と言ってくる人がいます。この一言で、一気にみんなのやる気がそがれてしまうなんてことも多いのです。

こういう否定的な口ぐせは、百害あって一利なし。今すぐに捨ててしまいましょう。その代わりに使ってほしいのが、

「たしかに！」

「それもありだね」

です。

相手が言ったことを、いったんキャッチする。素直に受け止める。これができない人は、仕事で成功することはできません。出世もできないし、やりがいのある仕事を任されることもありません。ついでに言っちゃうと、たぶん私生活でもモテないと思います。

監査法人時代、クライアント企業の担当者が間違った経理処理をしているのを発見したことがありました。そういうときに「こんなミスするなんて、あり得ないですよ！」と責めずに、「たしかに」とまず言ってあげる。そして「ついこうやりたくなりますよね」と相手のやり方を受け入れてあげる。ミスに気づかせて修正の指導をするのは、その後です。子どもが家で算数の問題を解いていて、明らかに間違った答えを出したときも「違うよ！　バカだな」とは決して言わない。「なるほど！　お前はそう考えたんだね」といったん受け入れてあげる。

最終的にはミスを指摘したり、NOという判断を下したりするとしても「そういう考えもあるよね」と最初に受け入れることで、相手の気持ちはほぐれて、こちらの言い分を聞く耳も持ってくれるようになります。結局は、こちらの方がずっとスムーズに事が運ぶというわけです。

成功してお金持ちになっている人たちは、誰もがこの種の器の大きさを持っています。いろいろな意見や考え方を受け止める素直さと度量の大きさがあります。自分とは相反する意見や極論とも言えるような考え方であっても「そんなはずはない！」とはねのけるようなことはありません。まずは「そうだね」と受け止めて「面白そうだね」とワクワクする。

常日頃から、この、いったんは受け入れることを癖にしましょう。口ぐせとして使いやすいのは「たしかに！」「わかる！」「なるほど」などです。自分のキャラクターに合った言葉をすぐに反射的に出せるように準備しておいてください。これを習慣づけることができれば、どんな予想外の出来事が起こっても、そのピンチをチャンスに変える才覚がいつの間にか育っていきます。

今すぐ使いたい口ぐせ⑤　「それは仕方ない」

うまくいかなかったときや失敗したとき、楽観的になるために身につけておきたい口ぐせです。僕は大学受験で２回失敗しています。そのたびにもちろんとてもがっかりして落ち込みましたが、その一方で**「まあ、そういうこともあるよね」**と思っていました。**「仕方ないな」**と。この気持ちの切り替えができるかどうかがスピーディに成功を目指す場合にはとても重要です。

26歳で起業するときに、先輩からこんなアドバイスを受けました。

「ビジネスは10個立ち上げても、そのうち９個はうまくいかなくてつぶれると思っておいた方がいいよ」

この言葉はとてもありがたくて、その後うまくいかないことがあったときにはいつも思い出して「まあ、そういうもんだから。仕方ない」と思うことができました。そう思うことで不思議なことに軽やかにこう思えるのです。

「よし、じゃあ次に行こう！」

これが、もしも失敗のたびに落ち込んで自分を責めて自信をすっかりなくしてしまっていたら、次に進めるくらいに立ち直れるまでにはかなりの時間を必要とします。最悪の場合は、二度と立ち上がれないかもしれない。でも僕は失敗を「仕方ないや」と思えるから、すぐに次のことを始めるパワーを引き出すことができました。そのおかげで失敗も多かったけど、それを超える成功もたくさん手に入れることができました。

日常的な例を一つ挙げてみましょうか。

現在ダイエット中で、糖質制限を厳しく自分に課している人がいるとします。でも、実はラーメンが大好きで、我慢に我慢を重ねてはきたもののある日どうしても食べたくなってラーメンを食べてしまった。これはダイエット的には「失敗」ですね。食べた後に次から次へと押し寄せる後悔と自己嫌悪。

「あー、俺はなんてことをやってしまったんだ！」と頭を抱えて、それ以来体重計に乗るのもおっくうになり、失敗のストレスからなかなか立ち直れない。ストレスのあまり気がつけば今度はピザに手を出してしまった！

「いいんだ、もう一回失敗したんだから何回やっても同じだよ」

と自暴自棄になって、当初の目標を捨ててしまう。そういう人をいっぱい知っています。

僕も実は、厳しすぎない程度ではありますが糖質制限を続けています。でも、ラーメンが食べたくなったら食べます。そして、その時にはラーメンを十二分に味わって思う存分そのおいしさを堪能します。後悔も反省もしません。「食べたくなったんだから、仕方ない」と割り切って、「その分、今夜は走ろう」とか「明日の食事はいつもより控えめにしよう」と次の一手を考えるようにしています。そうすると、ダイエットは全然辛くない。辛くないどころか、楽しいこと、ワクワクすることに変わります。

何か失敗をしてしまったときやうまくいかなかったときは「それは仕方ない」とす

っぱり割り切って、また次の挑戦に気持ちを切り替えることが大切です。そういうポジティブさや図太さが成功するためには必要なのです。

今すぐ使いたい口ぐせ⑥「おかげさまです。ありがとう」

これも祖父に教えてもらった大切な考え方の一つです。

「うまくいったら他人のおかげ、うまくいかないのは自分のせい」

もしも今、人生がうまく回っているなと感じていたらそれは周りの人のおかげだと感謝し、うまくいっていないならその原因は自分にあると思って反省しないといけないということです。努力が足りないのかもしれないし、間違った方向に進んでいるのかもしれない。いずれにしろ、その主語は必ず自分です。

たとえば大学受験に落ちたときに「親も頭が悪いから遺伝だな」と言い訳したり

「受験で忙しいのに委員会活動が忙しくて時間が足りなかった」などと自己弁護したりして「親のせい」「学校のせい」にすることは、一瞬は自分の気持ちを救ってくれるかもしれません。でも、他人のせいにしている限りはその原因を解決することが自力ではできないということなので、結局失敗を繰り返すことになります。

何かうまくいかないときは、自分自身の中に原因を探してみる。結構タフな心が必要ではあるけれど「自分の勉強が足りなかった」「自分の時間の使い方が甘かった」と省みることができれば、じゃあ次はどうすればいいのかという方向へ気持ちが向いて、新しい行動を始めることにつながります。

失敗したときに「それは自分のせいだ」と思うこと以上に大事なのが、うまくいっているときに**「おかげさまで」**と感謝できることです。どんなことも自分以外の人間の協力がなければ成し遂げることはできません。大学に合格するために勉強をがんばったのは自分ですが、そもそも親が金銭的なことも含めて応援してくれなかったら大学を目指すことさえできなかったはずです。「おかげさまで、大学に合格できました。ありがとう」ときちんと伝えることが大切です。

仕事で営業成績が上がって表彰されたとき、確かにクライアント企業を回ったり飛び込み営業をしたりして努力したのは自分です。でも、それを受け入れてくれた顧客があってこその営業成績ですし、資料を作ってくれたスタッフ、いつも激励してくれた同僚、自分をここまで育ててくれた会社があったからこその成果です。

「おかげさま」という言葉がさっと出てくる人は、周りの人から愛されます。お金持ちの人や事業に成功している人は周囲に対する感謝の気持ちが人一倍強いものです。自分が手柄をあげたとしても常に「おかげさま」の精神で、ひたすら周囲に感謝します。決しておごらず、感謝の言葉を口にする習慣のある人には自然と人が寄ってきて役に立つ情報をどんどん与えてくれます。

「あなただから教えるけど」といわゆるおいしい情報が回ってくることもあれば、ピンチに陥った際にはいち早く救いの手を誰かが差し伸べてくれます。

非常にシンプルなことですが**「おかげさま」**と**「ありがとう」**をきちんと声に出し

て言えるかどうかが、成功できるかどうかの重要な分かれ目となります。ほんの些細なことにも感謝の気持ちをすぐに素直に伝えることができる人だけが成功を収めることができます。

「ありがとう」の口ぐせは、比較的みなさん身についているようです。どんな人でも、何かしてもらって嬉しかったときには「ありがとう」とお礼を言うことが習慣になっています。でも、日常生活の中にはもっと感謝すべきことがあるのに、案外見落としていることも多々あります。

オフィスビルの中で、いつもきれいなトイレを使うことができるのはトイレ掃除をしてくれる人がいるからです。コピー機でいつもコピーができるのは、誰かが定期的に紙の補充をしてくれているからです。インターネットが今日も問題なく使えるのは、情報システムの担当者がメンテナンスを怠らずにいてくれるからです。このような日々の中での「当たり前」にも、感謝の気持ちを忘れないようにしましょう。トイレ掃除をしている人とすれ違うことがあったら、「いつもありがとうございます」と今日から早速、心を込めて感謝の言葉をかけてみてください。

今からは絶対に使わない！　NG三大口ぐせ

ここまでは成功する人が使っている口ぐせを紹介してきましたが、ここでは絶対に使ってはいけないネガティブな口ぐせを挙げておきます。ネガティブな口ぐせは、使うたびにあなたをどんどん成功から遠ざけてしまいます。会社では上司から疎まれ、同僚からの信頼も得られず、誰も応援してくれない。家庭でもパートナーがあなたを遠ざけるようになり、ため息の数がどんどん増えていってしまいます。

そんな孤立無援の状態では、どんなに優秀な人であっても成功することはできません。たった今からは、絶対に使わない！という気持ちで、読み進めてください。

＊「忙しい」

「忙しい」が口ぐせの人がいます。会うたびに「忙しい、忙しい」と言っている。そういう人に会うたびに僕は思うのです。「世の中に、普通の大人で忙しくない人なんて一人もいませんよ」と。

どういう理由で忙しいのかは別として、一般の社会人で「今日は3時間も時間が余っちゃって」なんて人はいないはずです。みんな何かしら予定が詰まっていて、やるべきことを抱えている。

「忙しい」という言葉が周りをうんざりさせていることに気づくべきです。「君の忙しい話を聞くほど、こっちも暇じゃないんだ！」内心、みんなそう思っているはずです。

＊「疲れた」

これも完全に口ぐせになっている人が多いNGワードです。最近聞いたところでは、遠足から帰ってきた幼稚園の女の子が「あー、疲れた」と言ったりするそうです。これは、周りの大人、おそらく親の口ぐせが移ってしまったのでしょうね。大いに反省してもらいたいものです。そのお子さんの未来の成功をたった一つの口ぐせのせいでつぶしてしまうかもしれません。

「疲れた」がなぜダメなのかは「忙しい」と同じ理由です。普通に仕事をしている大人で大なり小なり疲れていない人なんていません。「いや、俺の疲れは普通とは違う」なんて言い分もあるかもしれませんが「どっちの方がより疲れているか」バトルをしてもしようがない。何のプラスも生まれません。

それどころか、それを聞かされる方は「自分だって疲れている」という言葉をぐっと飲み込んで「おつかれさまです！」と明るく言いながら、心の中では「この人って自分のことしか考えてないのね！」と、大きく「×」印をつけているはずです。

＊「大変だ！」

「今、やることがいっぱいあって大変なんです」
「大変なんで、今は無理です」
というように、「大変」という言葉を会話に多用する人がいます。「いやぁ、毎日ホント大変で」なんてセリフを口ぐせにしている人、あなたの周りにもいるでしょう？

たびたび繰り返して恐縮ですが、世の中の人はみんなそれぞれに「大変」です。大変な状況を抱えながら、自分なりに解決しようとしています。わざわざ口に出して自分の大変さを訴える必要はあるでしょうか。

もちろん、ここで言っているのは口ぐせのように習慣的に「大変」という言葉を使う人のことです。本当に誰かの力が必要なくらい大変なときには、助けてくれそうな人に向かって「大変だから助けてほしい」というSOSを出すことをためらわないでください。

そんな深刻な状況ではなく、日常的にいつも「大変だ」「大変だ」と言っているような人に、あなたなら新しい仕事を依頼しようと思いますか？　面白そうなパーティに誘ってみようと思いますか？　仕事帰りに一緒に飲んだり食べたりしたいと思いますか？

「大変だ」が口ぐせになっている人はいろんな楽しいチャンスを失ってしまっていることに気づいてください。

しまった！と思ったときの逆転ワード

「忙しい」「疲れた」「大変」という3つのNGワードは、これから先は絶対に使わない！と決めてほしいのですが、長年の習慣というのはそう簡単に抜けるものではないので「しまった。また言っちゃった！」というときに、負の状況を逆転できる言葉もご紹介しておきます。

それは**「けど」**です。

「忙しいけど、楽しくやってます」

「疲れたけど、すごく充実してる」
「大変だけど、面白い」

「けど」の後に続く言葉は、他にも「気持ちイイ」「がんばってます」「やりがいがある」などがあります。**文の最後をポジティブに締めることで、印象が１８０度変わります。**

このテクニックは、あなたが聴き手の場合にも使えます。「忙しい」や「大変だ」を連発する人は、忙しさや大変さ、つまりこんなにがんばっているんだということを誰かに認めてもらいたいと思っている場合もあると思います。家族や同僚が「忙しい」「大変だ」と言ってきたときに「忙しいけど、楽しそうだよね」「大変だけど、がんばってるね」と声をかけてあげれば、相手の気持ちも落ち着くうえに、あなたへの感謝や信頼度もアップするに違いありません。もちろん場の雰囲気をプラスに転じることにもなります。

第4章

「すぐやる」人の行動ルール

Decision in 3 seconds

すぐ行動できる人のアタマの中

「やるか、すぐやるか」となったときに僕が「すぐやる」ことができるのは、頭の中をいつも「0」の状態にしているからです。

0（ゼロ）？　頭の中を空っぽにしておくということ？　と思われると、ちょっと誤解を生みそうなのでもう少し説明を加えます。

たとえばポケモンのゲームを始めるとき、最初に攻略本を買ってあらすじやヒントを読んでからスタートする人がいます。僕の場合は、そういうことは一切やらない。始める前に余計な知識を頭の中に入れたくないからです。行動しながら少しずつ情報を自分自身の経験から得ていきたい。それによって少しずつ軌道修正をしながら進んでいきたい。これが最初は「0」にしておくということです。

0の状態から、最初は考えずに動きます。自分が考えて出す答えというのは、結局自分自身のその時点での知識や能力の範囲の中からしか出てこない。だから、自分自身の能力以上の結果を求めるのなら、**考えないで動くことが必要**です。

いくら考えても、今の自分を超えるような良いアイデアは浮かびません。

今現在サラリーマンで起業経験のない人が「起業した場合、どうすれば成功できるか？」なんて考えても、いい案が出てくるはずはありません。実際に起業してみないとわからないことがたくさんあるからです。よく「経営者になった気持ちで会社のことを考えてもらいたい」というようなことを言う企業の社長がいますが、従業員の経験しかない人たちがいくら考えても、社長としての発想にたどり着くことはないんじゃないかと僕は思っています。

「切り替え」上手になろう

現在、僕は週に4回はボクシングジムでトレーニングをしています。ボクサーを目指しているわけではなく、目的は身体を鍛えることです。ボクシングジムで行う運動は、非常にタフでハードです。正直言って、ラクではありません。トレーニングの最中は、とてもしんどくて辛い気持ちが押し寄せてきます。

ただ、僕には「身体を鍛えることでどんな結果が得られるんだろう？」という期待感があります。鍛えた身体になったときの自分自身の未来の姿に、ワクワクしています。だから、ハードなトレーニングも、それ自体のしんどさを嘆くことはなく、ワクワクする未来に近づくためのものとして楽しんでいます。

この時に「なりたい自分になるためなんだから、我慢しなければならない」と歯を食いしばってしまうと、ずっと「しんどい」から抜け出すことができません。無理やりにでも「未来のカッコイイ自分のための努力なんだから、楽しい」と切り替える力が重要です。「鍛えぬいた身体になれたら、Tシャツ姿も今よりずっとカッコよくなるぞ！」と楽しみにすることで、だったら今のこのトレーニングはとても価値がある、と気持ちを切り替えることができます。我慢ではなく、ワクワクに変えることができるのです。

この境地になれたら、結構無敵です。どんなに大変な状況でも、しんどいことでも、すべて「楽しみ」に変えてしまうことができる。ダイエットのために甘いものを我慢する発想ではなく、今よりもっとカッコイイ自分のために甘いものは食べない、という選択をする。そういう自分を楽しむようにすると、どんどん結果が出て、さらにワクワクしながら先に進んでいける、という好循環になります。

なりたい自分を、きちんと定義してください。ちゃんとイメージしてください。そこに向かって進むことは、ワクワクする楽しいことのはずです。そのための行動にも、すべてワクワクできるはずです。

あわてるな！

やりたいことを見つけたら「すぐやる」ことが何よりも大事なことだと思っていますが、そう言うと「すぐやろうと思うとあわてちゃって失敗しませんか？」と不安がる人がいます。すぐやることとあわてることは、僕の中ではイメージとしては全くつながっていないのですが、それが結びついてしまっている人もいるようなので、少し説明をしておきたいと思います。
「あわてる」状態というのは、たとえばエレベーターに乗っているときに地震が起きて急停止したとき。これは、誰だってあわてますよね。僕だってあわててしまうと思います。

このことから、人はどんなときにあわてるのか？　を考えてみると、

・心の準備ができていない
・経験したことがない
・予想外のことが起こった

という場合だということがわかります。他にも、いきなり目の前で爆発があったとか、隣の家が火事で燃えているなんていうアクシデントが起こったときには、これは「あわてるな！」と言っても無理な話です。

ここで僕が言いたい「あわてるな！」というのは、地震のような天災や火事や事故のときの話ではなく、日常的な場面での話です。

学生時代、全く予習をしないまま英語の授業に出て先生から指されてあわてる。会社で上司から仕事の進捗状況を聞かれて、全くできていなくてあわてる。こういう場面での「あわてる」はすごくみっともないことだと思うのです。

というのは、これらは当然予測されることのはずだからです。授業では、必ず誰かが指される。上司は時折仕事の進捗状況を確認する。当たり前に起こることです。そういう当たり前のことが起こったときにあわててしまうというのは、相当やばい状況だと思いませんか。原因は、単なる能力不足です。あるいは当然やっておくべき行動をしていなかった。どちらにしても情けない話です。

日常生活においては、どんな場面でも僕自身はあわてることはありません。予想外のことなんて起こらないからです。いつもちゃんと未来に向かって行動を積み重ねているからです。

「ついあわてちゃって失敗しちゃったよ」

「あわてるからうまくいかないんだよ」

というように使われることの多い「あわてる」という言葉ですが、原因の本質はあわててしまったことではなくて、あわててしまうような状況に自分を追い込んでしまったことだと理解しておくことが大切です。

落ち込むな！

「失敗すると落ち込んじゃって、すぐに立ち直れないんです」という人がいますが、これは失敗に対する解釈を変えないとダメです。昔から「失敗は成功のもと」という格言があって、僕自身もたびたび「失敗と成功」をセットにして語っていますが、もっとわかりやすく言うなら**「失敗は成長」**なのです。失敗と成長はイコールでつながっているので、**すべての失敗は「成長」という言葉に置き換えることができます。**

失敗をしたとき人は、どうしても「マイナス」の経験のようにとらえてしまいがちです。１００がんばったのに、結果はマイナス１００だった。無駄に終わった、と感じてしまうのです。でも、実際はそんなことはありません。**がんばった分の１００の経験は、確実に手に入れている**はずです。

以前、監査法人時代の先輩に教えてもらったことのひとつに、「やった分しか入ってこない」というのがあります。これは裏を返せば「やった分は入ってくる」ということです。つまり、たとえ結果が失敗であったとしても、それに至るまでの行動という経験値は蓄積できている。目に見える成果や数字には表れていなかったとしても、着実に自分自身の力になっています。

失敗のたびにへこんじゃうという人は、失敗のとらえ方をこんなふうにとらえ直すことが必要です。

そもそも、何をやらせても一発で成功するなんて人はこの世に存在するのでしょうか。いたとしても、ごくごく一部の本物の天才だけに違いありません。あなたも僕も、ほとんど全員が「うまくいかなかった」ことをこれまでにいくつも経験してきているし、今もなお失敗を重ねているはずです。

「自分は何をやってもうまくいかないんです」という人がいたら、こう言ってあげましょう。

「普通はみんなそうですよ」

でも、成功している人もいるじゃないですか！と相手が言い返してきたら、それは失敗を成長ととらえて、いちいち落ち込まずに、投げやりにもならずに、ついでに言えば愚痴や弱音も吐かずに前向きに進んできた結果ですよと教えてあげたい。

本書でも前述しましたが、大事なことなので何度も書きます。**「事実はひとつ、解釈は無限」**なのです。

たとえばここに、ボウリング初心者が二人います。最初の投球は、二人とも見事にガーターになりました。A君は「やっぱり僕にはボウリングは向いてないんだな」とたったの一回のミスで、もうやる気をなくしています。一方のB君は「今のはどこが悪かったんだろう？」と考えて「次はこうやってみよう」と工夫を重ねていきます。1ゲームが終わったとき、どちらがうまくなっているかといえば、それはB君の方です。二人がボウルを投げた回数、つまり経験値は同じ量ですが、そこからの解釈の違いがその後の結果を左右しました。

「経験値は同じ量」というところが、実はとても大事なポイントです。

年収が３００万円の人と、３０００万円の人がいたとします。二人は同年齢で、同じ東京育ちです。３００万円のＳさんは３０００万円のＲさんのことを「きっと、自分とは全然違う道を歩んできたんだろうな」とうらやましがったり憧れたり、ちょっと妬んだりもしています。

でも、実際には二人の経験値にはほとんど差はありません。同じ時代に同じ場所で生まれ育って、同じような教育を受けて同じような社会経験も積んで今に至っているはずです。じゃあどこで差がついたのか？　それは、どこかで失敗や挫折を経験した際に、二人の解釈が違っただけです。失敗から学ぶことができたＲさんは、そこから成長を続けます。失敗で自信をなくして後ろ向きになってしまったＳさんは、経験を活かすことができなくて成長を自らストップしてしまったのです。

誰もがみんな失敗をしています。これからも、きっと何度も失敗をします。今成功している人たちは過去に失敗をしなかったから成功を手に入れたわけではなくて、数々の失敗を糧にして成長できたから、成功を手にすることができたのです。

目標は周囲の人と共有しろ!

成功を目指すなら、目標の設定は必須です。目標を設定していない人が成功することはありません。達成したい目標に加えて、数字や期限の目標も決めて動き出した延長線上に成功が待っています。

目標は、まずは自分自身で立てるものではありますが、それを周りの人たちと共有することが大切です。自分ひとりだけの目標は、たとえば試験に落ちても自分が諦めればそれで済んでしまいます。ある意味、とても楽なことです。でも、実際には受験料や予備校の授業料は親が出してくれることがほとんどです。受験生の兄のために、弟や妹が見たいテレビをあきらめて応援してくれたなんてこともあるでしょう。そういう応援してくれる人たちと目標を共有しておくと、迷ったときやぐらついたときにも力になってもらえるし、目標が達成できたときの喜びも大きくなります。

僕が会計士試験合格を目指すという目標を決めたときにも、いちばんに親にそのことを報告しました。このときに親が「すぐに就職してほしい」「もっと確実な道を選んでほしい」と考えていたら目標を共有することはできません。当時の僕は京都の立命館大学に入学したばかりの学生で、親にお金を出してもらわなければダブルスクールに通うことも、一人暮らしを続けることもできません。なぜ、その目標を立てたのかを一生懸命プレゼンして伝えました。その時、父が実際にはどう考えていたのかはわかりませんが、浪人時代に猛勉強している姿を見ていたせいか「会計士になるために勉強する」という僕の言葉を信じて、応援を約束してくれたのはありがたいことでした。

親しい人と目標を共有できると、相乗効果が生まれるので、ひとりでがんばるよりも目標が近づきます。「こっそりがんばってアッと驚かせたい」という願望もわからないではないのですが、達成するのが困難な目標の場合は、やはり周りも巻き込んでおくことが絶対に必要です。

「言ったら反対されるに決まってるから言いたくない」とかたくなに人と目標を共有しないという人もいますが、こちらが本気で目標に向かって行動していれば、それは必ず伝わって応援してくれるはずです。もしも共有できないとしたら、あなた自身に何らかの問題があるのです。情熱が不足しているのか、本気が足りないと思われているのか、あるいは行動が伴っていないことを見透かされているのかもしれません。「絶対に東大に行くんだ！」と宣言したのに、毎日家でゴロゴロしながらテレビを見ているようでは目標を共有してもらえないのは当然です。

向き不向きは考えるな！

新しいことにチャレンジする際に「これは、自分には向いてないかもしれない」と「向き不向き」を気にする人がいます。得意じゃないものがあるときに使いやすい表現なので、たいていの人がこれまでの人生で一度や二度は使ったことがあるのではないでしょうか。

「運動は向いてないんです」
「数学はどうも不向きで」
「じっとしているのが向いてないみたいです」

こんなふうに使って、なんとなく自分でも納得してしまっています。

「向いてないんだからできなくてもしょうがないな」

僕も実は20代前半くらいまでは人前で話すことが苦手で「自分には向いてない」と思っていました。でも、有限責任監査法人トーマツを辞めて起業することを決めたとき、経営者になったらコミュニケーション能力がとても重要になると思い、講座に申し込みをしました。人前で話す機会も増えるだろうし、聞く能力と話す能力の両方を身につけたかったのです。50万円という高額な授業料でしたが先行投資としてそこは惜しみません。結果として非常に大切なことを教えてもらうことができました。

パブリックスピーキングというのはただ単に話し上手というだけでは足りない、ということです。リーダーになって成功するためには、人を行動させる力を持つトーク力が必要で、稼げる経営者、ぐんぐん伸びている経営者は「あの人と話すとなぜかやる気になる」と思わせる話術を持っているというのです。

人前で話すことが苦手で、そんなことできるわけがないと思い込んでいた僕はそれを聞いてとても不安になりました。講師の先生に「僕は、そういうのに全然向いてないんですけど……」と相談してみました。

その時、先生はあっさりとこう言いました。

「向き不向きは結果とは関係ないよ。向いていなくても結果は出せるんだ」


その答えを聞いたときにはずいぶん驚きました。でもゆっくり冷静になって自分の過去を振り返ってみると、なるほどと納得できたのです。

僕は秀才の兄に比べると、勉強に向いている方では決してなかった。でも、一生懸命勉強したことで大学にも二浪の末とはいえ合格できたし、公認会計士試験にも二度目の挑戦で合格という結果を出しています。高校生時代に夢中になったトロンボーンにしても、最初は向いてないと思って練習もさぼっていたのに、やる気になって本気で練習をするようになってからは上達して、ついにはパートリーダーになることができたという経験もあります。


そして今では、あんなに話すことには向いていないと思っていたのに、数百人を相手に難なく話せるようになっています。

向き不向きは結果にコミットしない！　ということです。

「自分には向いてない」ということを、行動のブレーキにしないように気を付けてください。

やり続けろ！

絶対に成功する方法が一つだけあります。それは、**成功するまで行動し続ける**ことです。なんだよ、そんな当たり前のこと聞いてないよ、と怒り出す人がいるかもしれませんが、でも、実際にはほとんどの人がこの当たり前のことができなくて成功にたどり着けずにいます。

成功に向かって行動し続けることができるかできないかの分かれ目は、失敗したときです。あきらめてしまうのか、あきらめずに次に進んでいけるのか。忍耐力や継続するためのパワーも重要ですが、やはり単純に「あきらめない」ということが最も大切な要素です。

どれだけ人が行動し続けることができないものか、一つ、例を挙げます。本書をお読みになっている今が何月かはわかりませんが、それはいつでも構いません。質問は2つ。

今年の1月1日に決めた目標を覚えていますか?
その目標に向かって今も行動を続けていますか?

思わず胸に手を当ててドキッとした人が、おそらく8割くらいに上ると思います。
僕がこれまでいろんな人に質問をしてきた結果によると、ほとんどの人が1月15日にはもう年初の目標を忘れてしまっています。覚えていたとしても、行動は続けていない。この質問が今年のお正月に立てた目標ではなくて昨年のものだったりしたら答えられる人はごくわずかです。ほとんどいないかもしれない。

1月1日に立てた目標を達成するために12月31日まで行動を続けられるのは、全体の5％程度です。残りの95％の人には、絶対に目標をかなえたいという熱い思いがないので、当然続かない。そして、年末まで行動を続けた5％の人たちのうち実際に目標を達成できる数となると、もう少し減ってしまいます。成功できる人というのは、それくらい希少なのです。スタートは一斉に同じだったはずなのに、多くの人は自らレーンを外れてしまうのです。

自分を信じろ！

成功を目指すときには根拠のない自信が必要です。

自分を信じられる人はやっぱりいざというときに踏ん張れるし、何とかできるはずだと思ってがんばれる。反対に、どうしても自分のことが信じられないという人は、残念ながら良い結果を出すことはできません。入学試験の際に「自分なんかどうせ受からないよな」と思いながら受けるようなもので、これはまあ、ほぼ受からないと思います。それでも試験の場合はまぐれ当たりみたいなことがあるかもしれませんが、スポーツで考えるとその差はさらに鮮明です。

あなたがボクサーだったとして「自分がこの人を倒せるわけないじゃん」と思いながらリングに立っているようなものです。脳、つまり思考と身体はつながっているので、負けると思っていると負けるように身体は動いてしまいます。

じゃあどうすれば自分に自信が持てるようになれるのか？

それには、あなたのことを育ててくれた親や周りの人たちのことを思い浮かべるのが効果的です。ここまで成長できたのは、少なからず誰かの（多くの場合は親の）おかげです。なのに今の自分が「自分に自信が持てない」というのは、親に申し訳なくないでしょうか。もしも自分に子どもがいて、その子が自分を信じられないと思っているとしたら悲しく情けない思いになるはずです。自分という人間の成長ために、どれだけの人の手がかかっているのかを考えると、自信が持てないなんて泣き言を言っている場合じゃありません。

自分を信じるというのは、自分自身の尺度で測ればいいことで、他者や世間の評価を気にする必要はありません。もし失敗の連続の人生であっても、常に自分を信じていられるのであればその人生そのものは決して失敗ではありません。

あまりいい例ではないかもしれませんが、たとえばホームレスの人でも「俺はこの生活が好きなんだ。満足しているんだ」と思って自分に対する自信を失っていないなら、社会的にどう思われたとしてもそれは立派な生き方です。一方で自分に自信がなくて「こんな俺って本当にダメだよな」って思いながら、社会的には超エリートと思われている人がいるとしたら、僕としてはホームレスの生き方の方が断然カッコイイと思います。

自分に自信が持てないという人は、おそらくこれまでの人生において

「できると思っていたのにできなかった」

「やってみたことがうまくいかなかった」

「みんなができていることが自分にはできなかった」

といった経験をして、どんどん自信をなくしていったのだと思います。

でも、僕はこう思うのです。

「すべてが順調にうまくいくほど、人生はつまらなくできてないよ」

ドラゴンクエストでもファイナルファンタジーでも、最初から最後まで戦う敵を簡単にやっつけられたとしたら、そんなゲームはつまらなくて、やる気がしないでしょう。いろいろ苦労しながら、時には倒されながらも少しずつクリアできるからこそ面白いわけです。

「最初は失敗するのが当たり前」くらいに、失敗という経験に対して強気に思っておきましょう。

え？　そんなこと言うけど、周りの人は失敗している様子がない？

いえいえ、絶対にそんなことはありません。少なくとも面白い人生を生きている人は、みんな大なり小なり失敗を重ねてきているはずです。

僕は**「失敗できるのはラッキーだ」**くらいに思っています。というのは、つまらない守りの人生に甘んじている人は失敗すらできないからです。受験に失敗できるのは試験を受けた人だけだし、起業に失敗できるのは起業した人だけです。**失敗できるのは行動した人だけの特権**なのです。これまでにたくさんの失敗をしてしまったという人は、それだけ行動をしてきたという証でもあります。十分に自分に自信を持ってください。

見ろ！　聴け！　触れろ！

人の行動に大きく影響を与えられる体験が３つあります。それは「見る」「聴く」そして「触れる」ということです。

見るというのは、広い意味で目から入ってくる情報ということです。本を読むのもそうですし、新聞記事やネットニュースを眺めるというのも含まれます。聴くというのは、人の話を聴くということ。講演会に行ったり、仕事仲間や友人とごはんを食べに行って話したり聴いたりすることです。

最後の「触れる」というのは、最も影響力の大きい体験です。あんまり興味のなかったタレントとたまたま街で出会って握手をしてもらったら、一気にファンになってしまったなんて話はよくあることです。それくらい「触れる」というのは人を動かす大きなパワーを持っています。

成功したいと思ったら、どんな人を見て聴いて触れればいいのか?

それは、自分より先を歩いていて、自分が目指す方向で成功している人です。会えるなら、すぐに会いに行きましょう。直接会うのが難しかったらまずは講演会やセミナーに行って一番前に座って話を聞いて、終わったら近づいてあいさつをして握手をしてもらうなどして互いの距離を近づけましょう。

職場に尊敬できる先輩や上司がいるなら、始終くっついて離れないくらいでいいと思います。近くにいれば、その人の行動をつぶさに観察することができるし、うまくいけばアドバイスなどももらえます。

逆の場合もあります。自分自身を誰かにアピールしたい、よく知ってもらいたいと思ったら、「見て」もらい、「聴いて」もらい、「触れて」もらうのが効果的です。

これは、監査法人所時代に、頭もよくて努力もできるという最強の先輩から教えてもらった自己アピール方です。具体的に言うと、心の中で思っていることは他人にはわからないから、伝えたいことがあるなら顔、声、身体で表すことを心掛けろということです。はきはきした声と笑顔で挨拶する。楽しそうに動き回る。好きな人とは距離を縮める。そうすれば「いつも元気で印象の好い奴だな」と思ってもらえます。

やりたくないことは、誰かに任せればいい

「やりたいことをやる時間がない」
「やらないといけないことをこなすだけで一日が終わる」

そんなふうに愚痴っている人の多いことに驚きます。本人は愚痴っているつもりはなくても「今日もやりたいことができなかったな」と思いながら眠りにつく人はたくさんいるでしょう。

かつての映画仲間から「最近、どんな映画観た？」と聞かれて、「時間がなくて、観に行きたいけど行けてないんだ」なんて会話を最近誰かと交わしませんでしたか？

なぜ、やりたいことがあるのに、できないままに日が過ぎていくのでしょう？

なぜ、やりたいことをやる時間が作れないのでしょう？


大きな原因の一つは、あなたがやりたくないことに時間をとられてばかりいることです。**やりたくないことは、人生にとって何のプラスにもなりません。**なぜ、そんなことに時間を使ってしまっているのでしょう？


「いやいや、そうは言っても、天気のいい日には洗濯しておかないと着る服がなくなっちゃうよ」

「やりたくないけど、頼まれちゃったから仕方なく今日も残業だ」

「やりたくないけど、働かざるもの食うべからず！だからね」


なるほど。いろんな事情があるようですね。

洗濯や掃除などを含む、家事については、確かに日常生活を気持ちよく過ごすために必要なことです。洗濯も掃除も買い物も料理も欠かすことはできません。

ただ、すべてを自分でやる必要はありません。やりたくない人が無理してやるよりは、家事が得意な人、家事が好きな人にお金を支払って頼んでしまえばいいのです。あなた自身は、やりたくないことから自由になれて、時間もできる。頼まれた人は、自分が得意なことをやって、その分の報酬をもらうことができる。非常に効率的な「交換」だと思います。


たとえば僕は、自宅にいるときに宅配便を受け取るのが嫌で、ピンポンと鳴っても絶対に出ていきません。その時にしていることを中断するのが嫌というのもありますし、そもそも宅配便を受け取るということ自体を「やりたくない」と思っている。そのくせネット通販で買い物はバンバンしているので、届け物はとても多いんです。

で、どうしているか？　週に一度お願いしている家政婦さんに受け取りをすべて任せています。家政婦さんがいる時間帯に届けてもらうように注文しておくだけで、やりたくないことから逃れられます。

店の予約も好きじゃなくて、やりたくないことの一つです。仕事柄、会食が多いので、店を探して予約してその連絡をするという作業が多いのですが、僕がやるのは「店を探す」というところだけです。

店を探すのは、楽しくて好きなので苦になりません。いくつか候補を決めて、あとは他人に任せます。店を探すのは苦手だからやりたくないけど、店さえ決まれば後のセッティングはお任せを！　と嬉々としてやってくれる人が僕の周りにはいるので、役割分担をしているということになります。

「やりたくないことは、やらないようにしている」

僕がそう言うと、なんというわがままな人間なんだ！　という目で見られることも多いのですが、わがままなんかじゃない。本当にやりたいことをやるための時間やパワーを確保するために、みんながそうするべきだと思います。

「やらない」と決めたら、そこから解決に向かって進むことができます。「やりたくないことをやらないためにはどうすればいいか？」という方向に考えが向くのです。

その一つの解決手段がお金、もう一つが役割分担です。お金で解決というのは、一番単純で、ある意味ラクなものなのですが、「お金を払って人に頼む」という心のハードルを越えられない人も多いので、そんな人は徹底的に役割分担をしていけばいいと思います。

自分が好きなことは自分がやる、それ以外は誰かに任せる。買い物は行くから料理は作ってねとか、料理を作ってもらえるなら洗い物はやるよ、とか。一般の家庭でも当たり前のように行われている役割分担を、もっと広げればいいと思います。

その時に大事なことは「自分も我慢してこれをやるんだから、あなたも我慢してそれをやってね」という方向に行かないようにすることです。みんなが「やりたいこと」で気持ちよく楽しく分担することが大切です。

そんなにうまくいかないよ、という声が聞こえてきそうですが、そんなことはありません。世の中には本当にたくさんの人がいて、それぞれに好きなこと・嫌いなこと、やりたいこと・やりたくないことがあります。自分がやりたくないことを「僕はやりたい」と思っている人をちゃんと見つけて、自分のそばに置いておく努力を惜しまなければ、たいていのことは役割分担でうまくいくはずです。

友達100人、いりません!

成功者は孤独だ、と言われることが多いようです。

「あの人は成功してお金もたくさんあるけれど、友達はいないんだよ」

なんて、昔の説話などに出てきそうなシチュエーションです。お金持ちでもなく、成功もしていない人は、そう言って自分の心を慰めるということもあるのかもしれません。

「自分にはお金はないけど、友達はいる!」と。

友達関係というのは、共感がベースになって生まれて育っていくものだと思います。だから、成功者やお金持ちに友達が少ないのは、考えてみれば当然のことです。世の中には成功者やお金持ちはまだまだ少ない存在なので、共感できる絶対数が一般の人に比べて圧倒的に少ない。ほとんどの人とはお互いに共感し合えないというわけです。

また、成功者やお金持ちの人は、人生の目標があってそれに向かってまっすぐに行動を重ねてきた人です。ただ楽しく遊びたいだけの人や、お酒を飲んで騒ぎたいだけの人と付き合う時間は、そこには含まれません。

僕は、実は、まだ成功なんて手にしていない大学生の頃から「友達はあんまりいなくていいや」と思っていました。当時はとにかく公認会計士試験のために猛勉強していたので、友達が増えることで付き合うために時間を取られたり、人間関係に気を使ったりして気持ちが疲れることを避けたかったのです。

高校生の頃までは、自然に友達がいっぱいできてワイワイと楽しくやっていたのですが、人生の目標ができた後は「遊びだけの友達はいなくてもいい」と思うようになりました。

今も、「遊びだけの友達」は僕の周りにはいません。とはいえ友達がいないわけではありません。人生の目標を共有できる仕事仲間が友達です。

ＳＮＳによって、今は友達が簡単に増えていく時代です。あっという間に、ものすごい数の友達ができていて、それぞれからいろんな誘いがあります。セミナーへの誘い、食事会への誘い、選ばれた人だけに送っていますというメッセージつきのパーティの誘いなど。

ＳＮＳを通じて来たものについては、実際のところ僕は一切無視しています。断るだけでも時間が取られてもったいない。

友達の存在を否定するわけではありません。僕にも、大切な友達はもちろんいます。一緒にご飯を食べたり、サウナに行ったりして楽しい時間を過ごしています。

ただ、気を付けているのは、特定の人たちとつるみすぎないことです。グループや派閥にも入らない。いつも無所属のポジションで、自由を確保しています。

友達との時間は、意外と時間を食うものです。どんな友達とどんな時間を過ごすのか？　その時間は、未来にちゃんとつながっているのか？　友達の数をいくら自慢しても、成功に近づくことはできません。それどころか、場合によっては成功の妨げになることもあることを知っておくべきでしょう。

第5章

「3秒」行動ルール

Decision in 3 seconds

「3秒」決断を今すぐ始めよう

成功するためには、とにかく早く決断して早く動き出すことが重要。**「3秒で決めて、すぐやる」**ことを繰り返すのがいちばんの早道だということは、ここまで読んでいただいて、なんとなくおわかりいただけたでしょうか。このことを完全に理解するには、自分自身がその経験を重ねてみるしかありません。これまでの人生を少しでも変えたいと思っているなら、まずは「3秒で決めて、すぐやる」ことを今すぐ始めてみてください。

とはいえ、これまでそんなにスピーディに決断することがなかった方は「3秒」という時間もピンとこないでしょうし、決断するといっても何から手をつければいいのかわからないと思います。この章では、日常の中で「3秒決断」をトレーニングするためのヒントをお伝えしていきます。

何を食べるか？

最初は「食べ物」から始めてみてはいかがでしょう。このコツはいたって簡単で、あらかじめ余計な選択肢を排除しておくこと、そして**自分の「定番」を決めておくこと**です。

僕の場合は、基本的には肉か寿司しか食べません。イタリアン、フレンチ、中華という選択肢を最初からなくしています。身体を絞って筋肉を増やして健康的になるという目標があるので、それに沿って考えればパスタを食べちゃうイタリアンや塩分や糖分が気になる中華という選択肢は消すことができます。食事に対する自分なりの基準を持っておくと、迷わずに済みます。

この基準がないと、毎日食事のたびに20とか30とか、いやもっと多いかもしれない選択肢の中から「今日はどれにしよう？」と考えて選ぶことになります。それは、3秒では無理です。僕みたいに肉か寿司、肉の場合は焼肉かしょうが焼きかステーキくらいの数個の選択肢であればその中から1つを選ぶのは3秒あれば十分です。

世の中には食べることが何よりの楽しみだと公言している人たちがいて、そんな人に言わせると僕のような食事の決め方は「人生の楽しみを損している」ということになるのかもしれませんが、そんなのは気にしない。だって、彼らは「食べることが楽しみ」なんだからそこに時間も気持ちもたっぷり使えばいいし、僕は僕で「ビジネスで成功するのが楽しみ」なので、食事を決めるのに3秒以上を使いたくないというだけのことです。

基本的には好きじゃないのでファミリーレストランには行きません。ファミリーレストランのメニューというのはご存じのように写真がいっぱい載っていて、ページ数も多くて全部を見ようと思うとかなりの時間がかかります。選び方も結構複雑で、セットにつけるのはご飯かパンのどちらにしますかと確認されたり、サラダセットとスープセットがありますと言われて悩んだり、メニューを見るだけで10分以上使っている人たちがたくさんいます。

「なんて無駄な時間なんだ！　もったいない！」

僕なら、席についたらすぐに呼び出しベルを鳴らします。やってきた店員さんに「肉でおススメは何？」と聞いて、即決。３秒です。「メニューを見たら、もっと他においしそうなものとか食べたそうなものとかが見つかるかもしれないのに」と思われるかもしれませんが、他に食べたいものがあったら、また次の機会に食べればいいだけのこと。毎日くり返される食事の一回一回にそんなに熱を入れる必要は感じません。大戸屋にはよく行きます。メニューを見ずに「チキンもろみ定食、鳥は皮なし、生卵トッピング」と決めています。

どうやって行くか？

目的地までどうやって行くか？　交通網の発達している都心では、行き方も様々でこれも悩みだすとそれなりに時間を食ってしまうものです。

今ではほとんどの人がスマートフォンに「乗換案内」や「ナビタイム」のような行き方検索のアプリを入れていて、簡単に目的地までの行程を調べられるようになりました。でも、これらのアプリはある意味親切すぎていろんなパターンでの行き方を提示してくれます。「料金が安いのはこちら」「早いのはこちら」「乗り換えが少ないのはこちら」と利用者の目的に応じてきめ細やかな対応を提供してくれます。

でも、そんなのを全部検討していたら3秒決断はできません。目的地へは到着することが大事なので、それ以外の情報は気にしないと割り切ることが大切です。

僕はいつもこの場所ならこうやって行くというのを決めています。たとえば赤坂ならタクシーを使う、横浜に行くならこのルートを車で走る、東京駅ならここで乗り換えて行く。そうしておけば、迷いません。慣れたルートだと高速の出口や駅での乗り換えに戸惑うこともないし、電車の乗り過ごしなどの心配もありません。東京都内の地下鉄やJR、私鉄なら数分間隔で電車が到着するので、時刻表をチェックする必要もありません。前項の食べ物を決めるのと同様、ここでも大事なのは、**人生の目的とは違う重要ではないものに余計な時間や頭を使わない**、ということです。

どこで買うか？

3秒決断ルール、買い物編です。

買い物に関しては、いろいろな種類の買い物があると思いますが、まずは誰もがつい立ち寄ってしまうコンビニでの買い物。街中の至る所にあって、なんでも売っていて便利な存在ですが、僕は基本的にはコンビニには行きません。少なくとも買うものを決めずに立ち寄るということは絶対にありません。そもそも、買うものが決まっているならネット通販を利用した方が価格も安いし、レジで待つ時間もいらないし、何より荷物を持って歩くストレスもありません。

ただ、外にいてどうしても喉が渇いてしまったから飲み物が飲みたくなることはあります。そういうときに「何を飲もうかな」と考えるのは時間の無駄。僕の場合は「水」の一択です。

書店で本を買うときの決断も、相当早い方だと思います。興味のあるジャンルの新刊が並んでいるところに行って棚を見渡して、気になるものを手に取ったらそれを持ってレジに向かいます。中身を確かめたりはしません。数ある本の中からなぜか気になって手に取ったということは、何かしら訴えてくるものがあるということです。その直感を信じて「手に取った本は買う」と決めています。もちろん読み始めてみたら期待外れでつまらなかったという失敗もあります。そんな時は、読むのをやめればいいだけです。本代なんて、高くても数千円。損をしたとかもったいないとか考えるようなレベルの話ではありません。

書店以外ではネット書店をよく利用しています。特に、親しい友人や仕事仲間、尊敬する先輩や経営者などから薦められた本は、その場ですぐに注文して購入します。自分に向いているかな、と迷わない。信用できる人に薦められたら買う。そう決めています。

洋服も買う店を決めています。さらに「この人から買う」という店員さんも決まっています。そうしておけば、こちらはいわば常連の得意客ですから、季節ごとに店に出かければ、体形や趣味に合わせてコーディネイトを提案してくれたり、似合いそうなものを的確に薦めてくれたりするので、服選びにかかる時間はほとんど必要ありません。

3秒で寝る！

僕はベッドに入って3秒で寝られます。目を閉じたら、もう寝ている。すごく早い。

最近は寝つきの悪い人が増えているそうで睡眠に関する書籍がたくさん出ています。「3秒で寝られる」という話をしたら、たいていの人にうらやましがられます。

でも、これにはとってもシンプルで明快な理由があります。

眠くなったらベッドに入る。ただそれだけです。


自分がとても寝つきがいいことを述べた後なので、ちょっと言いづらいことなのですが、寝つきの悪い人は今現在も成功していないし、これからも成功する見込みのない人だと思います。

まず、夜になってそれなりの時間にベッドに入ってもすぐに寝られない人というのはどういう人でしょう。

・体力を持て余している。疲れていないから眠くない。
・頭の中に不安がいっぱいで、つい考えてしまって眠れない
・やり残したことがあって気になって眠れない

この3つのケースが考えられます。どの場合も、まさにこの人が成功できない人であることを示しています。体力を持て余しているのは、一日にやるべきことを極限までやっていないからです。目的のために行動を続けているなら、夜になっても疲れていないなんてことはないはずです。

頭の中に不安がいっぱいというのは、その不安を解消する行動ができていないからです。考えてばかりで行動を始められないからいつまでも不安にとりつかれたままなのです。

やり残したことがあって気になるという人は、行動している人ではあるようですが、最初の計画が甘かったのか、あるいは思ったよりも時間がかかってしまったということ

となのでしょう。いずれにしても、そんな毎日を続けている限りは成功にたどり着くことは難しいと言わざるを得ません。

すぐに寝られない人は、このように何かしらの問題を抱えています。自分がどれに当てはまるのかを見つけて、その根本的な原因を取り除いてください。

眠れないからと毎晩ベッドの中でスマホをいじったり、ＳＮＳを眺めたり読む予定のなかった本を開いてみたりするのは時間の無駄。**ベッドは眠る場所、寝ないときには入らない**と決めることが大切です。

返事は3秒以内に！

返事は3秒以内に、というのはメールやラインなどが届いたときに、すぐに読んですぐに返事するという意味ではないので誤解のないようにしてください。僕は、メールもラインも「見る時間」を決めて他のことをする時間とは区切っているので、その時間以外には絶対に画面を開きません。「ながら」スマホは、本当に時間の無駄だと思っています。

「3秒以内」に返事するのは、その内容への返事という意味です。

「明日の夜、お食事にいきませんか？」という連絡に対しては、「行ける」「行けない」の返事は比較的誰にでもできそうです。

（実際には、こういう返事でさえも時間がかかる人がいて驚くことも多いのですが）。

「この仕事を引き受けてもらえますか？」に対しても、「できる」「できない」を3秒で決める。これはちょっと難易度が高いという人もいるかもしれませんが、「やりたい」と思うならイエス、「やりたくない」ならノーと答えればいいだけの話。シンプルに判断しましょう。

なんらかのオファーに対して「少し考えてみます」「考えさせてください」ととりあえず答える人がいますが、僕に言わせればこれほど意味のない返事はありません。

「考えます」という言葉を使う人は実際には何も考えていない人だ、とさえ思っています。

「合わせる力」を活用する

人は「合わせよう」と意識していなくても、自然に周りに合わせるという性質を持っています。

たとえば声の大きさ。周りのみんなが大きな声で話している中では、自分の声も自然と大きくなります。逆の場合、図書館など静かな環境の中で話すときには無意識にひそひそ声になります。

数人で食事に行ったときにも、この「合わせる」現象は現れます。誰かが「ビール、もう一杯」と言えば、他の誰かが「僕にも！」「私にも！」とジョッキをぐいっと飲み干してお代わりを注文する。ひんぱんに見かけるシーンですよね。自分本来のペースではないけれど、周りに合わせていく。それを良しとする文化がどうやら存在するようです。

この**「合わせる」力というのは、非常に強力で、伝染力も高い**のです。「類は友を呼ぶ」「朱に交われば赤くなる」ということわざもあります。

煙草を吸う人の周りには、煙草を吸う人が多い。お酒が大好きな人の周りにはお酒飲みが多い。ランニングが趣味の人は、同じ趣味の人を見つけてさらにのめり込んでいく。髪型や服装、持ち物なども周りの影響を受けて似てくることがあります。

こんなに強い力を持っているのなら、自然に身についた合わせる力をうまく利用しない手はありません。「すぐやる」人になりたかったら、「すぐやる」人のそばに行けばいい。「すぐに決める」人になりたかったら「すぐに決める」人と一緒にいればいいというわけです。

僕の会社でも、入社当時はそんなにやる気の感じられなかった人が、やる気のある人たちの集団に入ったことでみるみるうちにやる気のある人材に育っていく、ということがよくあります。朝もみんなすごく早起きで、その分夜は早く寝る。最初はバラバラだったのに、いつの間にかみんなが揃って早寝早起きになっています。

ひとつだけ注意したいのは「下に合わせない」ということです。マイナス側に引きずられない、そちらに合わせていかない、自分がなりたいと思う方向に向かって合わせていくことが大切です。「あれ、おかしいな」と思ったら、どんなにそちら側の力が強くても合わせない。合わせるべきは、自分自身で腑に落ちて納得できたときだけです。

住む場所が成功を決める

「合わせる」力をさらに発展させて考えると、住む場所がとても重要だということに気づきます。どんな未来を目指すのかによって、住むべき場所を決めるという発想です。

サーファーになりたいなら、東京の下町に住んでいるよりも湘南や千葉の九十九里など、いい波がやってくる海辺の町に住むべきです。同様に、成功してお金持ちになりたいのなら成功者がたくさん集まっているような場所に住むことが必要です。

僕の例をお話ししましょう。

サラリーマン時代は通勤の便を考えて上野に住んでいました。その後、起業することを決めたとき、経営者になるわけだけれどそのイメージがどうも具体的に持てなかったので、経営者がたくさん住んでいる場所を探して、そこに住んで間近に観察しようと決めて、西新宿の高層マンションに引っ越しました。決め手となったのは、部屋の家賃の格差でした。僕自身はまだ低層階で家賃も安い部屋しか借りられませんでしたが、上層階は家賃も高額。そんな部屋に住む上層階の人たちと、エントランスやエレベーターですれ違ったり、日常生活の中で触れ合うことができたのは、とても良い勉強になったと思います。

その後、事業が少しずつうまく回り始めて、次のステップを考えました。そこで選んだのは芝浦のタワーマンションです。このマンションも部屋間の家賃格差がかなり大きくて、有名な格闘家やモデル、芸能人なども住んでいるようでした。自分とのギャップを感じながらも、毎日のように成功していて勢いのある人たちとすれ違うことで、僕ももっとがんばろう、と素直な気持ちで思えたものです。

今は、そこから六本木のタワーマンションに引っ越しています。もっとお金持ちが多くて、もっと大きく成功している人たちはいったいどこにいるんだろう？と調べてみた結果、港区の六本木に集中していることがわかったからです。

「どんな人を身近で常に見ているか」は、すごく大きな影響を及ぼします。住む場所が変わると出会う人が変わります。新しく出会った人から、新しい仕事の話が持ち込まれたり、これまでとは違う情報が寄せられたりもします。また、同じような場所に住んでいることは、お互いの信頼関係を作る上で大きなベースとなってくれます。「港区六本木」という住所だけで、成功者の仲間入りができるのです。

決断したら、すぐに伝える！

決断したことは、すぐに関係者や当事者に伝えることが重要です。「決断」と「伝

える」は常にセットにする、という意識が必要です。

何度も同じ例を出していますが、僕は大学入学式の日に公認会計士試験を目指すことを決めて、すぐに親に「ダブルスクールに行きたい」と伝えました。結構高額の授業料だったので、親に出してもらうしか方法はなかったし、その後の勉強生活を支えてもらうためにも親の理解が必要でした。あの時すぐに伝えなかったら、もしかしたら僕のその後の人生は大きく変わっていたかもしれません。

もっと些細なことでも同様です。

メールで飲み会の誘いがきました。「その日は別にやりたいことがあるから行きたくないな」と、パッと思ったとします。その場合はすぐに「欠席します」と伝えます。すぐに断るのは申し訳ないな、なんて思っていると相手から今度は電話がかかってきたりして、余計な時間をとられます。つい「ちょっと考えてみる」なんて言ってしまったら、その後できちんと断りを伝えられるまで、何となく心にモヤモヤを抱えることにもなりかねません。

返事は決めたらすぐに伝える。後で断るなら、今すぐ断る。毎日の生活の中でこれを心掛けるだけでも、時間やストレスがずいぶん軽減するはずです。

基準を決める

日常生活の中で、どんなときに迷ったり悩んだりしているかを一度書き出してみるといいかもしれません。迷ったり悩んだりすることがない僕の例では参考にならないので、知人の30代の男性Fさんにお願いして「今迷っていることリスト」を作ってもらいました。

・引っ越しがしたいが、コストが高くて悩んでいる
・引っ越しするとしたらどの場所がいいかを迷っている
・不動産投資を勧められて、やろうかどうしようか考えている

どうやら引っ越しと投資が今の大きな関心事のようです。

まず引っ越しについては、僕なら「引っ越したい」と思ったらすぐに引っ越します。それは「引っ越したい」と思った気持ちには何か理由があるはずだから、それをつぶさないことをコストや手間よりも優先したいからです。

引っ越しと言えば、僕は今六本木のタワーマンションに住んでいるのですが、この場所を選んだのは経営者や成功者がたくさん住んでいるという理由からです。もっと端的に言うなら、お金持ちの多いエリアなのです。自分自身も成功したいし、経営もうまくやっていきたいし、もちろんお金持ちにもなりたい。だったら、そういう人たちがたくさんいる場所に住むのがいいだろうという発想です。

Ｆさんの場合も、引っ越ししたいと思った理由は何だったのか?を思い出して、それが自分にとってプラスになることだと信じられるならすぐにでも引っ越すべきだと思います。引っ越しを決める基準は、引っ越しによってどういう環境が得られるかのメリットの大きさだけでいいと思います。そこさえクリアできたら、他のことは気にしない。

投資についても、まず投資がしたいのかしたくないのか。明確な理由があってやらないと決めているなら、どんなに儲け話がやってきても耳を傾ける必要はありません。「一応聞くだけ聞いてみよう」なんていうのは、時間の無駄です。

投資はしたいけど、何に投資したらいいのかわからないという場合は基準が必要です。投入できる資金、短期なのか長期なのか、動産なのか不動産なのか。投資がしたいと思っているなら、最低限自分自身で選択肢を絞っておく必要があります。個別の話をいちいち聞いていたら時間がかかってしょうがない。

あるいは僕のように「どんな投資でもとりあえずやってみる」。実際、ビットコインも初期の頃に面白そうだなと思ったので少額ですが投資して、その後の暴騰でかなり稼ぐことができました。反対に失敗した投資もたくさんあります。でも、**いちいち悩まないで「とりあえずやってみる」と決めている**のでストレスはありません。失敗したとしても、ネタとして使える。経験値も積み上がります。やらないよりはずっといいと思っています。

第6章

3秒決断の先に成功が待っている

Decision in 3 seconds

ベストよりベターを選べ！

「３秒決断」をする際に、ベストの選択をしようと思ってはいけません。ベストの選択にこだわる気持ちはあらかじめ捨てておいてください。

３秒で決断して、そのすべてがベストである、なんてことは不可能です。でも、不可能だからあきらめるということではありません。ベストである必要がないから、ベストを追い求めなくてもいいのです。**ベストではないけれど、この中では一番いいかな（＝ベター）という選択で十分**です。

僕自身は、これまでの人生で一度しか出たことがないのですが「合コン」を思い浮かべてください。数人並んだ相手の女の子のうち、誰が自分にとってベストかなんて、簡単に決められるものではありません。かといって、順に全員と付き合うというのも時間的な負担が大きすぎます。やはり第一印象、その場でピンときた人にとりあえずアプローチするという選択が賢明なのではないでしょうか。

普段の生活や仕事においても、パッと思いついた中で一番面白そうなもの、ワクワクできそうなもの、しっくりくるように感じるものをとりあえず選んで行動をスタートしてみる。気持ちの50％くらいが「いいんじゃないかな」という方向に動いたら、行動していいと思います。そして、行動しながら様子を見て徐々にもっとよくしていく。どんどん形を作っていく。もし、違っていたなと思ったら、やり直すという選択肢もあります。

どんな行動も、スタートの段階では、ざっくりした状態で全くOKです。

「ラーメン大好き」からの卒業

ワクワクすることや楽しいこと、好きなことを「すぐにやる」、そしてその行動を繰り返していくことが成功への近道だと話してきましたが、ここで、大事なことを伝えておかなければなりません。

それは、やりたいことが相反する場合はどうするのか？　ということです。

たとえば、単純な例で言うとこういうことです。
「食べたい。でも、痩せたい」

多くの方にとっての永遠の悩み、それがダイエットですよね。一年中、いろいろな雑誌で特集され、成功したダイエット法を語る本も次々に出版され、そのうちの何冊かはベストセラーにもなります。最近では「結果にコミット」するジムが大流行。みんな、自分の体をもっと「美しく」「かっこよく」したいと望んでいることがわかります。

でも、その一方で食べることが大好き。こちらはこちらで、テレビでは毎日のように「おいしいもの」が特集されています。いちばん視聴率を取れるのはグルメ番組、という話も聞いたことがあります。

「痩せて美しくなる（かっこよくなる）」ことにもワクワクするし、「おいしいものを食べる」ことにもワクワクする。

さて、どうしましょう??

これはもう、**どちらへのワクワク感がより強いか、未来に向かってどちらを選ぶのか？という本人の決断次第**です。両立しないワクワクがある場合は、どちらをより望むのかで決めるしかありません。

僕の話をしましょう。実は、以前はラーメンが大好きでした。麺類の中では圧倒的にラーメンが好き。結構な頻度でラーメンを食べていた時期もありました。

でも、ある時、こう思ったのです。

「身体をもっと絞り込みたい」

筋肉をつけて、自分なりの理想とする身体になりたいと考えるようになりました。早速（すぐに！）ジムに通ってトレーニングを始め、プロのトレーナーから食事指導も受けました。そこで、ラーメンは極力食べない方がいいと言われたのです。

その時に教えてもらったのが「ラーメン以外を好きになる」という方法でした。

大好きなラーメンをあきらめる、大好きなラーメンが二度と食べられない……などと思ってしまうと、それは大きなストレスになります。そうならないために、身体を絞り込むという新しいワクワクする目的を邪魔しないものを、ラーメンよりも大好きになればいい。そうなるように、訓練をすればいい。トレーナーの方が言うには、麺類を食べるならラーメンよりも日本そばがいいということでした。

とはいえ、ラーメンを食べたい気持ちはそばでは満たされません。これは、多くのラーメン好きの方にも共感してもらえると思います。そこで、どうしたか？

最初のステップは、ラーメンからパスタへの移行でした。ラーメンが食べたくなったら肉や野菜がたっぷりのパスタを食べるようにしました。パスタも本来の目的からするとＮＧな食品です。でも「麺類が好き」という気持ちの逃げ場として、ラーメンよりは具にバリエーションがあり、栄養的な面でも軍配が上がりました。

パスタの次は、うどんです。関西生まれで、もともとうどんは好きな方だったので、比較的ラクに「うどん大好き」になれました。そして最終段階は、そば。「麺類食べるなら、そばがいいな」という境地になれるよう自分を馴らしていったのです。

今は、基本的には麺類といえばそば一択です。大好きだと思えるようになったので、辛くはありません。もちろんラーメンを絶対禁止にしているわけではないので、どうしても食べたくなったら食べます。でも、そう思っているだけで、案外食べたくならないものです。

少々くだらない例で説明しましたが、一事が万事です。

「これがないと人生が楽しくない」

「これを我慢するなんて、生きている意味がない」

こういうことを簡単に口にする人がいます。その対象がラーメンだったり甘いケーキだったりすることもあれば、夜遊びだったりカラオケだったり、お酒だったりという場合もあります。

どの場合も、僕は否定しません。本当にそれがないと人生が楽しくないというのなら、それは大切にしてください。ただ、本当にそうですか？　単なる思い込みじゃないですか？　とも思うのです。

他にもっとやりたいことがあるのに、今夜も遅くまで深酒をしてしまった。おかげで今朝もちょっと寝不足。それでも、お酒って本当に人生に必要ですか？

少しでもきれいになりたいと思って体重をあと3キロ落としたいと思っているのに、ケーキを食べてしまった。「ケーキのない人生なんてつまんない」などとつい言ってしまいますが、そのケーキは、本当にあなたの人生を幸せにしていますか？


自分自身が本当に望んでいることは何なのか。それをかなえるためにはどうすればいいのか。一度、**思い込みを外してまっすぐに素直に考えてみる**ことをお勧めします。

僕が「ラーメン大好き」から卒業できたように、あなたも「○○がない人生なんて、ムリ！」という気持ちから脱却して、もっと素晴らしい成果を手にすることができるはずです。

「3秒決断」が間違っていたらどうする？

もしも自分が「3秒」で決断したことが間違っていたらどうするのか？　ということにも触れておきたいと思います。

実際に行動した後で、もしかしたら次のように感じることがあるかもしれません。

・3秒で決めてすぐに行動したけれど、どうも違和感がある
・行動してみたら、そんなにワクワクできなかった
・どうしても大きすぎる壁に阻まれて先に進むことができない

「やりたい」と思ってすぐにやり始めてみたのに、なんとなく違和感があって心の底から楽しめない。最初のワクワクした気分も消えてしまった。そういうときは、少し冷静になってどこに問題があるかを考えてみる必要があります。ワクワクできないのはなぜなのか？　違和感はどこから来ているのか？

その答えが「未来」とつながっているのなら、当初の目標設定が間違っていた可能性があります。なりたい未来像にワクワクできなくなってしまったとしたら、軌道修正が必要です。公認会計士になりたくてダブルスクールで勉強を始めたのに、いざ始めてみたら公認会計士として活躍する未来像に、全く喜びを感じない。そうなってし

まったら、ハードな勉強なんてできるはずがありません。また、する意味もない。別の新しいワクワクできる未来を探すべきです。

一方、「今」のハードな勉強が辛くて、そのせいでワクワク感がしぼんでしまっている場合もあります。ちょっと心が弱くなって逃げ道や言い訳を探している状態。もしもそうだったら、そこですぐに未来をあきらめてしまうのは危険です。自分の心に嘘はつけないので、いつまでもずっと「逃げた」「負けた」という気持ちを引きずってしまうことになるかもしれません。踏ん張れなかった自分への後悔を抱いたまま軌道修正するのは、あまりに辛いものです。周りの人たちのことは騙せても、自分の心を騙すことはできません。

この場合は「3秒決断」が間違っていたわけではなくて、自分自身の気持ちの強さが維持できていないところに原因があります。疲れているなら少し休んでもいいから、ちゃんと未来の自分へのワクワクを取り戻しましょう。

3つ目に挙げた「あまりにも大きな壁に阻まれて」というのは、まさに僕が高校3

年生の時に経験したことです。家庭の経済的事情という、高校生の僕にはいかんともしがたい事情のために音大への進学をあきらめざるを得なかった。音楽をやっていくと決めて、生活の大半をトロンボーンの練習や音楽の勉強に費やしていたにもかかわらず、ミュージシャンになるという未来が閉ざされてしまった。大きな挫折でした。

ここで冒頭の質問に戻ります。

じゃあ、高校生の僕が「ミュージシャンになろう」決めたことは間違いだったのか？

あの頃から経営者になると決めて、それに向かって行動していた方が今よりもっとビッグな経営者になれていて、もっとお金持ちに、もっと幸せになれていたのか。音楽漬けの二年間は無駄だったのでしょうか？

僕自身は、そうではなかったと思っています。一直線ではなく、ものすごくねくねした道を歩んでしまったけど、その道のりでやってきたことは何一つ無駄じゃなかったと感じているからです。すべてが今の自分につながっています。

「3秒決断」からの行動はたとえどんな結果に終わったとしても、決して間違いではない。強がりではなく、本当に心からそう思っています。

事実は一つ、解釈は無限

成功している人も、失敗ばかりで成功とは縁遠い人も、年齢が近ければ人生における経験値にさほど変わりはありません。成功者は、これまでの人生で良いことばかりが連続して起こってトントン拍子に物事が進んだから成功できたわけではありません。生まれた時から特別コースを用意されていたわけでもありません。両者とも、過去のどこかの時点では、同じライン上にいたことがあったはずです。

なのに、どこかの地点から一方は成功への道を歩み、もう一方はその道を外れてしまった。道を分けたのは同じ経験に対する解釈の違いです。

「事実は一つ、解釈は無限」

この言葉は祖父が教えてくれたものです。同じ経験をどうとらえて、どう解釈するか。それが未来を大きく変えてしまいます。

ポジティブとネガティブの違いを説明するときによく使われるこんなエピソードがあります。ご存じの方も多いと思いますが、紹介しておきます。

とある靴メーカーの社員二人が、未知の大きな市場を開拓するように命じられてアフリカ大陸の未開地を訪れた。現地に到着すると、住民たちはみんな裸足で駆け回っていた。

ネガティブなN社員はそれを見てがっかりして、本社にこう伝えた。

「現地では誰も靴を履かない。見込みなし」

一方、ポジティブなP社員は喜び勇んで連絡を入れた。

「現地では、まだ誰も靴を履いていない。みんなきっと買ってくれます！」

まさに「事実は一つ、解釈は無限」の好例です。

僕自身も、常に解釈だけはプラスにしようと思っています。いくつか例を挙げてみましょう。

僕の右手の人差し指の付け根にはやけどの痕が残っています。小学生の頃、家族でプリンを作っていたときに、電子レンジから取り出した熱々のカラメルソースを兄から受け取り損ねて手の甲に受けてしまったのです。熱くて痛くて、子どもだった僕にとっては結構辛い記憶です。傷痕も残ってしまいました。でも、その後父はしきりに「いやぁ、手でよかった、よかった」と言っていました。僕自身は当時「全然よくないよ！」と内心では思っていましたが、父が「頭や顔だったら大変なことになっていた。手でよかったよ」と繰り返していたので、今では僕もそう思っています。

もうひとつ、両親の離婚についてもそうです。離婚という事実はひとつ。でもそれを「最悪だ」と解釈するのか「自立のきっかけになったから、案外よかった」と解釈するのかで、いろんなことがずいぶん変わる気がします。プラスに解釈できたおかげで変にグレることもなく、父とも母とも良好な関係を築くことができています。

どんな事実も、最終的にはすべてプラスに解釈する。これは、そうしようと思えばできることです。物事のプラス面を探す習慣をつけてください。どんなに大きな失敗でも、何らかの学びになったり気づきになったりすればそれはもう単なる失敗ではなく、成長のしるしです。

不安はアリ地獄と同じ、入ると抜け出せない

ビジネスパーソンが人生において決断すべき大切なことのひとつに「転職」があります。どういうタイミングで転職すべきなのか。あるいは、今の会社を退職すべきなのか。

僕は、それについてははっきり決めていました。

「尊敬できる上司や、こうなりたいと思える先輩がいなかったら、その場所にそれ以上いる必要はない」

つまり、転職（僕が選んだのは起業でしたが）すべきだと。尊敬できる上司や先輩がいないということは、そのままその会社に居続けても自分自身が目指す方向には進んでいけないということです。ルーティンとしてこなす毎日の業務は上手になっていくかもしれませんが、そんな仕事には全くワクワクできない。ワクワク感が感じられない職場なんて、居続ける意味はありません。

この判断をする際には、最初の「あれ？」という不安がとても大切です。**「なんかちょっと違うな」という小さな違和感を見過ごさない**ようにしましょう。

カンは外れることも多いのですが、不安からくる違和感はめったに外れることがありません。ただ、最初の段階でしっかりつかまえておかないとだんだん慣れてしまって、その状態を当たり前のように感じてしまうようになるので注意が必要です。

僕の知り合いで、若い頃に出会った彼女ともう10年以上付き合っている人がいます。もう30代だし、そんなに長く付き合っているのにどうして結婚しないんだろう？と思って尋ねてみたら「なんだかずっと、ちょっとした違和感があって結婚する気にはなれない」とのことでした。

じゃあ別れればいいのに、と僕は思うのですが「ここまでくると、それも難しくて」と困ったように笑ってため息をついていました。違和感はあるものの、別れるほどのものではないという判断で、ずるずると付き合いを長引かせているようです。

会社でも同じようなことが起こります。あまりにサービス残業が多いことに気づいて「これはおかしいな」と思っても、それを抑え込んで長く勤め続けていると、だんだん「辞めるほどではないな」という気になっていきます。周りのみんなも耐えているのだから、自分も我慢しよう。そもそも仕事とは辛いものだし、給料もそれなりにもらえているし……。

そうなってくると、もう簡単には抜け出すことができません。アリ地獄と同じで、いったんその中に入ってしまうと、出口を見つけ出すことができなくなってしまうのです。

違和感も不安も、最初に感じたときが大切です。その時の気持ちが、本当の自分の本音です。「あれ？」と思ったら、その時にすぐに何らかの行動を起こす。そう決めておいてください。

人生のゴールは「死」。それまでのすべては通過点だ。

目標設定をしてそこに向かってまっすぐに行動を重ねるのはとても大切なことですが、目標イコール最終ゴール、ではありません。たとえば、ダイエットをしている人には、体重が50キロになることは目標ではあっても、最終ゴールではないはずです。50キロまで痩せたら、あれもしたいこれもしたい……とワクワクする新しい目標がいくつも待っていることでしょう。

資格試験や大学受験の場合も同じです。合格することが目標ではあるけれど、最終ゴールではありません。合格した後で何をしたいのか。どうなりたいのか。人生はこの先もまだまだ続きます。合格は、あくまで人生の夢をかなえるための通過点にすぎません。

「通過点」だと思うと、チャレンジするのが怖くなくなります。今は通過できなくても、次は通過できるかもしれない。ここを通過できなくても、別の通過点があるかもしれない。そう思えば、失敗や挫折のたびに打ちひしがれて落ち込むこともなくなります。「たどり着けないなら、もういいや」とあきらめる必要もありません。

チャレンジの途中であきらめてしまうのは、目標を最終ゴールと勘違いしているからです。その先が見えていないから、最初の壁にぶち当たっただけでくじけてしまうのです。

目標設定は、成功に向かうためのとても有効な手段なのですが、目先の目標達成に追われて遠くを見渡すことを忘れてしまうことにもなりかねないので、**「今はまだ通過点」**という言葉をずっと忘れないでいてください。

誰だって失敗と成功を繰り返します。いや、ほとんどのチャレンジは最初は失敗する、と言っても過言ではありません。そこで求められるのは、失敗したときに、その失敗を成功への通過点として受け入れることができるかどうか、その覚悟です。だいたい、合格や成功は「狭き門」だと相場が決まっています。試験に落ちるのは珍しいことではないし、失敗するのもあなただけではありません。

チャレンジの際に「できるかな?」と自分に問いかけることはもうやめましょう。そうではなく**「やりたいかどうか」を自分自身に確かめてください。**

そして、その返事が「やりたい」であったときには、3秒で「やる」という決断をする。決めたらすぐに行動をスタートする。その繰り返しこそが、あなたをまっすぐに成功へと導いてくれます。

おわりに

最後までお読みいただいてありがとうございます。

僕はこれまでに17冊の著書を出版してきました。どの本も毎回核となるテーマを持っています。18冊目となる本書のテーマはタイトルにもある通り「3秒で決める」ということ、そして決めたことを「すぐやる」ことが成功を手にするための最大にして唯一のルールだということです。

本書では繰り返し「考えるな！　行動しろ！」と言い続けましたが、それでもまだ「それって本当に正しいのだろうか」と考えている人がいるかもしれません。今までの習慣はそう簡単に変えられることではないからです。


でも、じゃあなぜこの本をあなたは手に取ったのでしょう？「3秒」という数字の短さに、「決断」という言葉の力強さに、何らかの魅力を感じたからではないでしょうか。

これまでは、じっくり考えてから行動をしてきた。でも、それで現在の自分自身の状況に何らかの不満がある。満足できていない。そうじゃありませんか？

だとしたら、これまでのやり方を変える必要があります。長年の習慣を変えるときのコツは、いったん大きく変えてみることです。マイナーチェンジではなく、大胆に変更してみてください。もしもそれがうまくいかなかったら、その時はまた軌道修正していけばいいだけのことです。

まずは、とにかく「3秒決断」を始めてください。やりたいことに向かって「すぐやる」ことを続けてください。こればっかりは実際に経験してみないとその良さがわかりません。本書の中に何かひとつでも心に響くヒントがあれば嬉しいです。それによってすぐに何かアクションを起こしてくださることを強く願っています。

2018年6月　イタリア・ベネチアにて

金川 顕教

プロデュース　水野俊哉
企画協力　川田修　岡部昌洋（サンライズパブリッシング）
編集協力　白鳥美子
デザイン　村沢尚美

金川《かながわ》 顕教《あきのり》 AKINORI KANAGAWA

経営コンサルタント、ビジネスプロデューサー、投資家、事業家、作家。
三重県生まれ、立命館大学産業社会学部卒業。

大学在学中に公認会計士試験に合格し、世界一の規模を誇る会計事務所デロイト・トウシュ・トーマツグループである有限責任監査法人トーマツ勤務を経て独立。トーマツでは、不動産、保険、自動車、農業、飲食、コンサルティング業など、様々な業種・業態の会計監査、内部統制監査を担当。数多くの成功者から学んだ事実と経験を活かして経営コンサルタントとして独立し、不動産、保険代理店、出版社、広告代理店など様々なビジネスのプロデュースに携わる。「量からしか質は生まれない」をミッションとして、1人でも多くの人に伝えるために執筆活動を開始し、ビジネス書、自己啓発書、小説など多岐にわたるジャンルでベストセラーを連発させている。著書に「チェンジ～人生のピンチは考え方を変えればチャンスになる!」「年収300万円はお金を減らす人　年収1000万円はお金を増やす人　年収1億円はお金と時間が増える人」「財布はいますぐ捨てなさい」「初心者を代表して不動産投資について教わってきました!」「CHANGE ～エリートの道を捨てても僕が欲しかったもの」（いずれもサンライズパブリッシング）「ラクラク・かんたん・超楽しい!はじめてのブックメーカー投資入門」（秀和システム）「すごい効率化」（KADOKAWA）「20代の生き方で人生は9割決まる!」（かんき出版）「これで金持ちになれなければ、一生貧乏でいるしかない。」（ポプラ社）「毎日チェンジ手帳」（扶桑社）「1時間で10倍の成果を生み出す最強最速スキル　時給思考」（すばる舎）「シナジー人脈術～最小限の力で最大限の成果を生み出すたった1つの方法」（あさ出版）「仮想通貨投資入門」（秀和システム）「ひとりでも、君は生きていける。」（学研）「すごい勉強法」（ポプラ社）などがある。

●理想が叶う金川顕教LINE通信（3万6000人が登録中）
@RGT0375Y（ID検索またはQRコード読み込み）

●金川顕教公式無料メールマガジン（4万人が購読中）
http://akinori-kanagawa.com/lp/

●金川顕教オフィシャルサイト
http://akinori-kanagawa.jp/

●Facebook
https://www.facebook.com/akky.0226
または検索欄から「金川顕教」と検索してください。

3秒決断思考《びょうけつだんしこう》 やるか、すぐやるか。

2018年7月31日 第1刷発行

著者 金川《かながわ》 顕教《あきのり》

発行者 茨木政彦
発行所 株式会社 集英社
〒101-8050
東京都千代田区一ツ橋2-5-10
編集部：03-3230-6068
読者係：03-3230-6080
販売部：03-3230-6393（書店専用）
印刷所 凸版印刷株式会社
製本所 加藤製本株式会社

 ISBN 978-4-08-786102-0 C0033

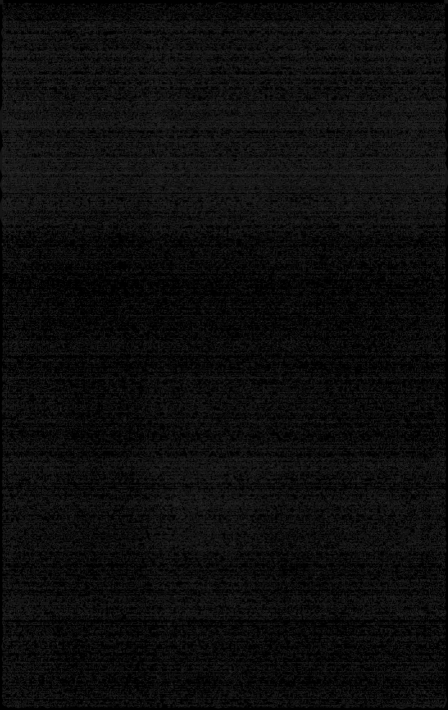